西武池袋線で よかったね

郊外から東京を読み直す

杉山尚次

Sugiyama Naoji

交通新聞社新書 185

イントロダクション　西武池袋線でよかったね

誤解された方には申し訳ないが、この本は鉄道本ではない。どうしてそんなタイトルにしたのかというと、「西武池袋線」ということばが、多くの微妙さを含意しているような気がしているからだ。「西武池袋線」は比喩と考えていただきたい。

▼池袋の微妙さ

いうまでもなく実際の「西武池袋線」は、池袋から東京の郊外を抜け、埼玉県にいたる私鉄である。

まず、池袋という土地からして微妙な感じが漂っていないだろうか。ひじょうにでかいターミナルなんだけれど、どこか垢抜けない。かつて東口・西武百貨店にはセゾン美術館があり、その向かいには「音と映像」の専門ビルWAVEが建っていた時代があった。WAVEの本店的な存在は六本木にあり、映画館も併設、カフェは「雨の木（レインツリー）」（大江健三郎由来）という名で、要するに80年代から本格化する日本の消費文化を語るときには欠かせない象徴的な存在だった。いまから振り返ると、知的スノビズムにみえなくもない、そうした西武系の文化＝セゾン文化の拠点のひとつが池袋だった。

パルコ発祥の地も池袋だし、個性的な書店も揃っていた。西口には東京芸術劇場があり、その先には立教大学がある。東急系の文化＋青山学院大学があるという渋谷の街の構成に対してもひけをとらない〝文化度〟ではないだろうか。にもかかわらず、池袋の「ポジション」は高かったとは思えない。追い討ちをかけるように、西武百貨店は投資ファンドに売却された。２０２３年８月、百貨店のプライドを守ろうと労働組合はストを打って抵抗したが、百貨店区画は半分に減るようだ。２０２５年２月現在、同店は大規模な改装工事中である。

次頁の写真は２０２３年12月に撮ったもの。西武百貨店の１階入口で、かつてここにはセゾン美術館の噴水があった。とってつけたように現代アート作品が展示されていた。これはセゾン文化の消滅を物語っているだろう。それに加え、池袋の象徴ともいえる西武百貨店まで消え入りそうになっている。いやはや、しみじみとさせられる。

続いて、西武池袋線（ほかの路線も含む）について述べようとすると、同じようなニュ

セゾン美術館の痕跡のようなオブジェは健在だった（2025年２月現在、撮影は23年12月）

アンスを繰り返すことになる。

本文でもふれるが、ある歴史家が「好き好んで西武池袋線に住む人はいない」という意味合いのことを語っている。要するに、西武線は東急線や中央線より「下」ということだ。

こうあからさまに言われると、いろいろ言いたくなる。西武池袋線はマンガ家と縁が深い。若き日の手塚治虫、藤子不二雄、石ノ森章太郎、赤塚不二夫らが住んだ「トキワ荘」が椎名町駅近くにあり、彼らがこの沿線に住んだおかげで、マンガ家がマンガ家を呼んだ。竹宮惠子、萩尾望都の大泉学園、あるいは高橋留美子の東久留米などは有名だ。

椎名町には、自宅を出ないという生活スタイルがあまりに特異で、それが映画にもなった画家・熊谷守一をはじめとして、多くの芸術家が住んだ「池袋モンパルナス」と呼ばれた居住区もあった。「どうだ」と言いたくなる文化度ではないか。

さらに、西武池袋線には団地や住宅地にとどまらず、いくつも遊園地があったり（としまえんは閉園してしまったが）、埼玉西武ライオンズの本拠地が存在する。東京近郊の鉄道沿線に、プロ野球の一軍の試合を恒常的におこなう球場があるのは貴重だ。おまけに最近は東横線・みなとみらい線と直通になったので、横浜スタジアムにも乗り換えなしで行けるようになっている。ちなみに、これは戦前の話だが、西武新宿線の上井草には「東京セネタース」（系譜的には北海道日本ハムファイターズの前身）のホームグラウンドがあった（現在は区営の野球グラウンド、プロ野球は開催できない）。

といろいろ挙げることはできるが、果たしてこれが反論になっているかというと、微妙であることを認めざるをえない。

西武池袋線の前身の武蔵野鉄道が、戦前と戦後直後、都心から人間の糞尿を郊外の農地へ運んでいたことがあるため、「汚穢《おわい》電車」などというありがたくない蔑称を与えられたことも、マイナスイメージに一役買っているかもしれない。なら、そんなことを書くなと言われるかもしれないが、歴史はきちんと伝えるべきだ。都心と郊外をむすぶ糞尿の循環ネットワークは、いまだったらＳＤＧｓの先駆けだ、くらいのことを言えばいい（鉄道で運ぶのはどうかと思うが）。本文でも述べたが、江戸時代から市街地と郊外は糞尿でつながっていて、荻窪あたりでもそういう話はいくらでもある。西武沿線特有のことではないのだ。

▼「郊外」は西武池袋線と東急田園都市線との差異を呑みこんでいる

ということで、そうしたいわれなき汚名をそそぐためこの本を書く、というとすっきりするのだが、「西武池袋線」をめぐる事態はそれほど単純ではない。

最近はそういう言い方をしないが、西武池袋線を「郊外電車」と呼んで間違いはないだろう。この「郊外」が問題なのだ。「郊外電車」という言葉のイメージは、どこかのんびりとした田園風景が思い浮かぶが、21世紀の現在、「郊外」にはそんな牧歌的な要素はない。日本中、どの地域の郊外に行っても、同じような風景、ファストフードのように均質で、画一的な街が広がっている。それが「郊外」なのである。

たしかに合理的で、「安心・安全」だが、生活世界のすみずみまでシステム化されて息苦しく、生きづらい。どこか倫理性を欠き、それまでの「常識」は通用せず、とんでもなく禍々《まがまが》しいことが起こってもおかしくないような空間。たとえていうと、歯止めが利かなくなったAIが悪さをするイメージといったらいいだろうか。

こうした事態を、本文でも紹介した社会学者たちの説にならって「郊外化」と呼ぶなら、日本社会全体が「郊外化」しつつあるといえるだろう。「郊外」は西武池袋線と東急田園都市線との差異を呑みこみ、その均質性を広げているということだ。

これはいまに始まったことではない。戦後の高度経済成長期と同期する「団地化」⇒消費資本主義の象徴のような「コンビニ化」⇒近年の著しい「ネット化」という流れは、社会のシステム化の進行過程であり、「郊外化」の歴史といっていいだろう。

だから、そんな「郊外」には住まない、という人もいる。それは収入や趣味の問題であり、その人の勝手だが、そこには「貧乏人は郊外に住め」という考えが含意されているようで、主流になってほしくない考え方だ。しかし、「格差」は自己責任とする昨今の風潮と合致している。それに対抗する方策はあるのか？


簡単な処方箋などあるはずはない。それでも、「郊外で悪かったな」と開き直りつつ、「郊外」として一括りにされている街について、一つひとつ固有の歴史を掘り出すしかないのではないかといいたい。

なんにもないと思われている土地にも歴史はある。それをちょっと知るだけで、「まち」が違ってみえることだってあるはずだ。それをやってみたいと思った。たぶん「西武池袋線」

には凝り固まったようなイメージはない。最近、団地がにわかに注目されだしたように、新しい価値を見つけるにはもってこいの地域だと思う。

「西武池袋線でよかったね」には、以上のような含みがある。

本書のベースになっている原稿は、西武池袋線のひばりが丘にその名を由来する地域報道サイト「ひばりタイムス」に、２０２０年10月から連載したものである。「書物でめぐる武蔵野」というタイトルで毎月1回、起点を武蔵野のどこかに置きつつ、散歩のようにあちこちを探索した。地域は広がり、古代史に言及したこともある。とりあげた問題は、現在の日本の底流にふれていると思っている。

しかし、筆者は歴史や社会学や地域活性論の専門ではない。使っているのも二次資料ばかりだ。いわば素人なのだが、素人流の気軽さで、あちこちを横断しているからこそみえるものもあるのではないか、という言い分である。

本書をきっかけにして、自分の居場所と感じられるような「まち」を見つけていただければうれしい。それが近所だったら「よかったね」ということになる。

西武池袋線でよかったね――郊外から東京を読み直す　目次

第 1 章

まちの記憶を掘り出す

西武新宿線の土手にある謎のガード

1 田無のザンネン——井の頭線と中央線

いきなり私事で恐縮だが、筆者は西武池袋線のひばりが丘に60年ほど住んでいる。100年前だったら間違いなく古老である。だからこのような原稿は、いってみれば〝古老の語り〟だということに気づき、愕然としたのだが、まあ、現実なので、21世紀版のそれとしてやってみたいと思う。

イントロでも述べたように〝散歩主義者〟としては、リアルな土地を歩くだけでなく、時空を超え、書物を〝散歩〟しながら、西武池袋線周辺を起点に武蔵野散歩を楽しんでみたい。

▼幻の環状線「東京山手急行」

これは西武池袋線住民「あるある」に属すると思うが、とにかくタテ＝南北の移動が不便である。秋津にはＪＲ武蔵野線が走り、練馬には地下鉄大江戸線が通っているとはいえ(これとて1991年開通、「やっと」という想いが強い)、ひばりヶ丘あたりから中央線に

東京山手急行電車の株式募集パンフレットに付された路線図（『地図と愉しむ東京歴史散歩』P94）

抜ける路線があったら、と思ったことがある人は少なくないはずだ。

この想いはあながち妄想とはいえないようである。

『地図と愉しむ東京歴史散歩』（**竹内正浩**、２０１１年、中公新書）は、東京の古地図に秘められた歴史的な謎を読み解く本で、生活圏を対象とする身近な地図が多いのが特徴で興味深い。ここに注目すべき計画が１章を割いて説明されている。

戦前、山手線の外側を走る民間の環状線「東京山手急行」という計画（現在の大江戸線のルートに近い）があった。株式を募集するなどリアリティをもって進められていたものの、用地買収の困難などがあり幻に終わったという。これもタテ移動の利便を図った構想だったといえるだろう。とはいっても、現在の西武池袋線でいうと東長崎、西武新宿線では新井薬師前と交わるもので、武蔵野の住人としては少々遠い。

しかし、幻の新線計画は、山手急行だけではなかったのである。

《昭和二十年代、井の頭線は吉祥寺から田無を経て東久留米まで延伸する計画があった。井の頭線終点の吉祥寺駅が高架上に設置されているのは、中央線を乗り越し、延伸を意識していたためだともいう。しかし田無以北は西武鉄道の〝ナワバリ〟である。案の定、保谷から東伏見を経て吉祥寺に乗り入れようとする西武鉄道側と激しい免許争奪戦になり、結局喧嘩両成敗のように両者の路線計画は頓挫した。》（p101）

吉祥寺―田無―東久留米ｖｓ吉祥寺―東伏見―保谷ということだが、どちらも幻。ああ、なんてことを……。

「たられば」を言えば、ここで京王井の頭線が延長していれば、田無や東久留米から渋谷までダイレクトに行ける。中央線、京王線にも乗り換えやすい。東京を縦断する路線がいちはやくできていたわけで、東京の街の発展は違ったものになっていただろう。少なくとも、田無の様相はかなり違っていたと思う。

▼田無は吉祥寺よりデカイ

ところで、筆者の部屋には明治13（１８８０）年測量の地図「（東京）近郊西部」が貼ってある。地図のちょうど真ん中あたり、一番大きな街として「田無」が目に入る。「吉祥寺」「石神井」「小金井」は村だし、「三鷹」は名前さえ見当たらない。つまり、鉄道がない時代、青梅街道の宿場「田無」は、周囲で一番栄えた場所だったことがわかる。

だが、田無は鉄道の招致に積極的ではなかったようだ。甲武鉄道（現在の中央線）は、明治22（１８８９）年に新宿―立川間が開業する。そのルートは田無よりずっと南を通るものとなった。結果、田無はかつての中心地という地位を失ってしまったようなのだ。これが田無のザンネン・その１とすると、先の井の頭線の件は、田無のザンネン・その２ではないか、と思うのだが、どうだろうか。

さて、吉祥寺から田無を経由して東久留米へ、というのはどういう経路の計画だったのだろうか。その仮説については２につづく。

2 幻の路線を推理してみた——3つの「幻」に根拠あり

井の頭線には昭和20年代、吉祥寺から北へ、田無を経由して東久留米に至るという幻の延長計画があった、という話を書いた。それはどういう経路だったのか？ 仮説を述べてみたい。推理の材料となった本を挙げておこう。

『地図と鉄道省文書で読む私鉄の歩み 関東（2）京王・西武・東武』（**今尾恵介**、2015年、白水社）がそれ。「鉄道省文書」というのは鉄道の許認可に関する戦前の公文書で、これを読み込むと「ここにこういう路線を通したい」といった鉄道各社の戦略や思惑がわかる（らしい）。この本では「京王・西武・東武」の3社が取り上げられている。

「京王」のパートに井の頭線延長計画が書いてあるかというと、そう簡単な話ではない。ヒントと思われる記述は「西武」のパートにあった。

▼西武鉄道のややこしい歴史

同書によると西武鉄道は、現在の西武池袋線にあたる「武蔵野鉄道」と、「かつて所沢～

図1　西武鉄道沿革略図　　省略した鉄道もある

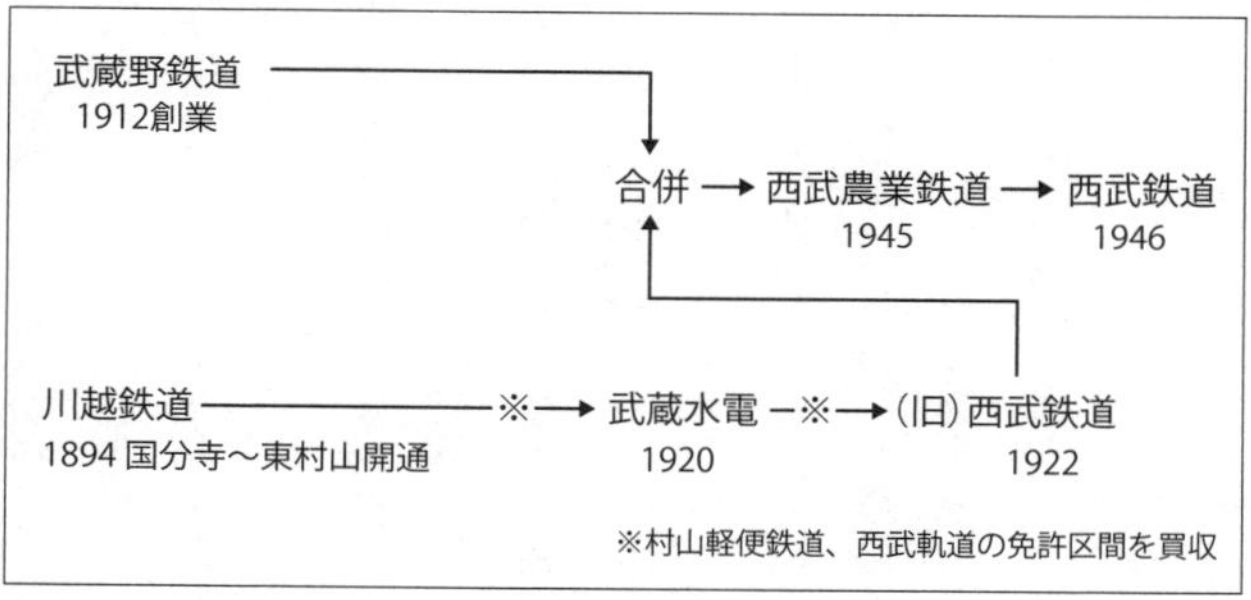

都心間で熾烈な乗客争奪戦を繰り広げたライバル会社」の「(旧)西武鉄道」が、昭和20(1945)年に合併してできたという少々ややこしい歴史をもつ(合併当時の名称は「西武農業鉄道」)。

さらにこの「(旧)西武鉄道」の始まりは、甲武鉄道＝旧国鉄中央線系列の「川越鉄道」である。明治27(1894)年開通(国分寺～東村山間)で、明治45(1912)年創業の「武蔵野鉄道」より古い。

明治期、飯田町(現在の飯田橋の近く)から国分寺を経由して川越までという直通列車があった。掲載された明治31年の時刻表を見ると、飯田町を午前10時に経つ列車は午後12時10分に川越に着いている。意外に速い?

ちなみに現在の西武鉄道は「川越鉄道」を自らのルーツと考えていないらしく、同鉄道の創業記念行事は「武蔵野鉄道」の創業からカウントされているようだ。

西武池袋線と西武新宿線、説明は省くが西武国分寺線、西武多摩湖線などはもともと違う会社だったということである。東村山周辺を、西武新宿線、同国分寺線、同多摩湖線が入り組んで走り、不採算路線云々の声も聞かれた。その背景にはこういう事情があった。

▼吉祥寺〜田無　経路の仮説

さて、幻の路線に戻る。ヒントは「川越鉄道」にあった。

都心へ直通する「道」を模索していた「川越鉄道」は、大正5（1916）年、「村山軽便鉄道」が持っていた「箱根ヶ崎（現東京都瑞穂町）〜東村山〜吉祥寺」という路線の免許を取得した（p112）。これも計画だけに終わった路線と考えられるが、吉祥寺から田無を経由する経路が描かれている。これが、井の頭線が北に延長される場合の路線ではないか、というのが**仮説その1＝経路①**である（25頁の図参照）。

しかし、これでは吉祥寺〜田無まではいいとしても、田無〜東久留米が説明できない。

そこで次の仮説をつなげたい。キーワードは「中島飛行機」である。

▼「中島飛行機」の工場を起点に考える

田無近辺には、第二次大戦中「中島飛行機武蔵製作所」（Ａとする）と「中島航空金属田無製造所」（Ｂとする）という戦闘機のエンジンを作っていた２つの工場があった。このため現在の西東京市と東久留米市周辺は米軍による空襲の標的になっていたのだが、このことについては第５章でふれたい。

Ａは武蔵野北高校と隣接する公園あたりの広大な敷地で、先の「村山軽便鉄道」のルート上に位置している（Ａも引込線で武蔵境や三鷹につながっていたのだが、この件は混乱するのでここでは割愛して、図２に注記する）。

Ｂはいまの田無病院や住友重機械工業あたりからひばりが丘団地にも及ぶこれまた広大な敷地を持ち、引込線によって西武池袋線の東久留米につながっていた。

第２の仮説は、東久留米と「中島航空金属」（Ｂ）を結ぶ引込線が、井の頭線延長の道筋ではなかったか、というものである（**経路②**）。

東久留米とＢを結ぶ引込線については、「廃線跡」が「たての緑地」という遊歩道になっていることもあり、地元では比較的知られている。

前出の『地図と鉄道省文書で読む私鉄の歩み』では次のように解説されている。

《中島航空金属の田無製造所は昭和一四年（一九三九）に荻窪の工場から分かれて設置されたもので、…中島飛行機武蔵製作所（注：A）で製造された飛行機のエンジンをここ（注：B）へ運び、テストなどが行なわれていたという。東久留米駅から工場まで引込線が建設された（注：一九四四年敷設）。》（p162、傍線は引用者）

この引込線跡は、2014年に東久留米市指定旧跡となり、市教育委員会発行の『**東久留米の戦争遺跡**』（**山﨑丈**、2019年）で詳しく解説されているので参照してほしい。市のホームページでも読める。

▼経路③は？

しかし、これでも足りない。**東久留米〜B（経路②）**、**吉祥寺〜A（経路①）**は説明がつくものの、①と②の間がいわばミッシングリンクとなっている。

この問題を解決するのが、**中島飛行機関連の2つの工場をつなぐ軽便鉄道**の存在である（**経路③**）。

西武柳沢駅と田無駅の間、青梅街道と西武新宿線が交差するところに大ガードがある。そのすぐ東側には、鉄道の土手にひじょうに小さなガードがある（写真）。何のための「通路」なのか不思議な存在だが、これこそ軽便鉄道の存在を証明する「廃線跡」で、２つの工場をむすぶ鉄道を通すためのガードだったのである。

先の『東久留米の戦争遺跡』には米軍作成の地図が掲載されていて、ここにも軽便鉄道の存在が示されている。その説明文に「中島航空金属の工場中央部から南下する鉄道は、中島飛行機武蔵製作所と田無試験場を結ぶ軽便鉄道（線路幅７００㎜）で、軌道が確認できる唯一の地図です」とある（p24）。

では、**軽便鉄道の経路**③は？

ずばりの答えを、保谷市（現在西東京市）住吉公民

軽便鉄道の痕跡

館館長（当時）の井藤鐵男氏が出している。「幻の鉄道が見えてきた―中島飛行機武蔵製作所の簡易鉄道」というエッセイがそれだ（「多摩のあゆみ」79号、1995年5月）。井藤氏はこの鉄道の沿線住民からの聞き取り調査を行ない、経路を確定させ、その経路図も掲載している（地図は省略、初出は「ほうや公民館だより」、平成5［1993］年7月20日）。

これでつながった。

吉祥寺から「村山軽便鉄道」の免許のルートで「中島飛行機武蔵製作所」あたりまで**経路①**、ここからは軽便鉄道で「中島航空金属」へ**経路③**、そして引込線で東久留米駅へ**経路②**。

これが吉祥寺から東久留米へ幻の井の頭線、延長ルートだったと考えたい。

図2　吉祥寺〜田無〜東久留米の仮説

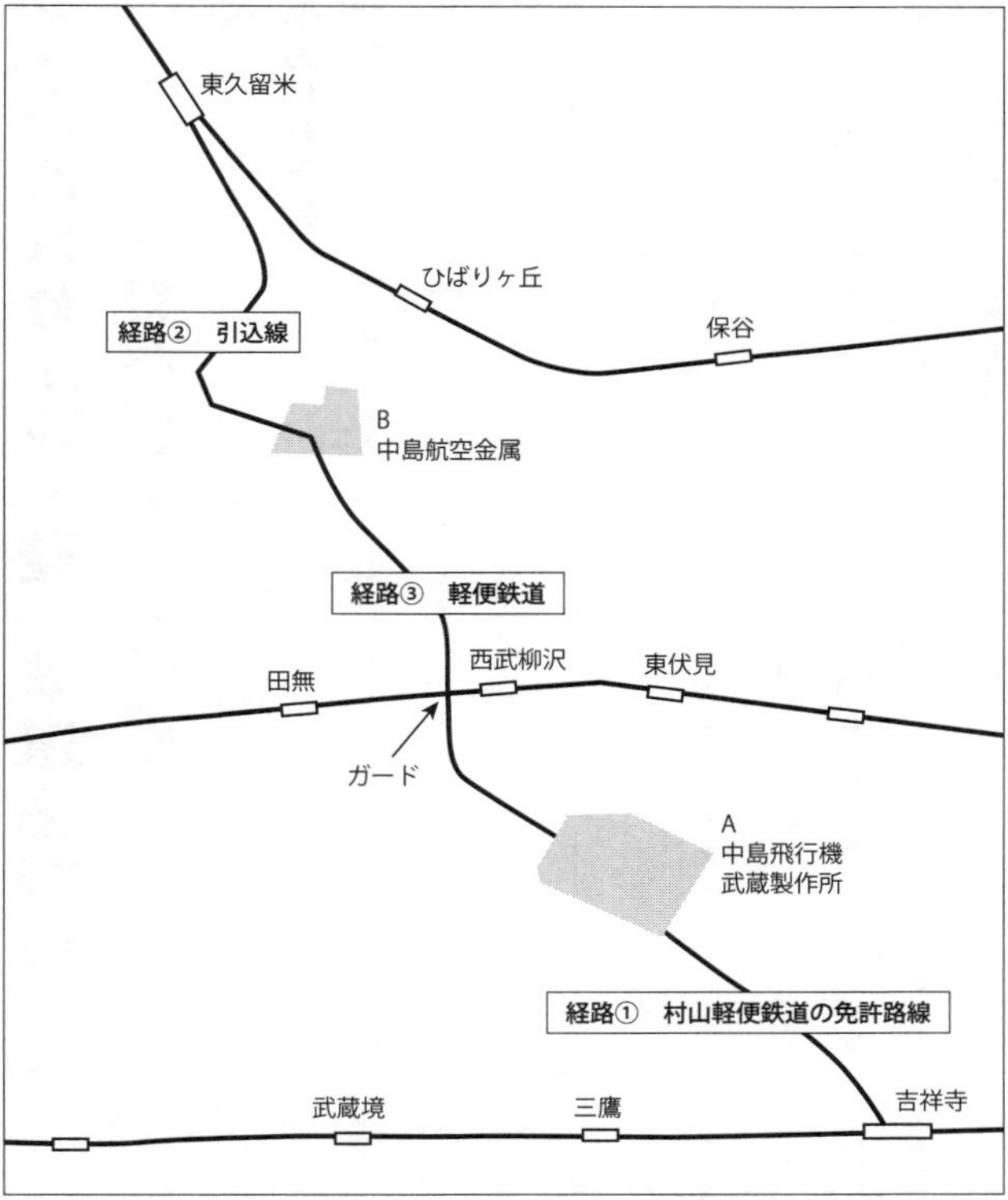

注　戦中、中島飛行機武蔵製作所と中央線は、引込線で武蔵境と結ばれていた（「中島飛行機武蔵製作所と田無」田無市立中央図書館編、1979年）。戦後、この工場の跡地には1951年に野球場が作られ、プロ野球が行なわれたこともあった。先の引込線も再利用され三鷹と結ばれていた（通称「武蔵野競技場線」）。この廃線跡は「グリーンパーク遊歩道」となっている（『知られざる軍都多摩・武蔵野』洋泉社MOOK、2005年）。

3「ふんばりが丘」発「鉄道忌避説」行
――東久留米『めぞん一刻』経由

▼**ふんばり温泉**

２０２０年11月下旬のある日、東京メトロ有楽町線の駅から西武池袋線直通電車に乗ると、ちょっと異様な光景にでくわした。同じ絵柄のキャラクターのポスター類が車内を席巻している。「ふんばり温泉」という文字が目につく。西武電車にはよく登場する秩父の温泉かと一瞬思ったが、「ふんばり」？？？　キャラクターの絵柄はいまどきのタッチで、筆者のような〝古老（本章１参照）〟にはなじみがない。よく見るとアクセス案内風に「ふんばりが丘」と駅名があり、その左には「南南東久留米」、右には「保々谷」とある。やっと、パロディなのね、と腑に落ちた。

この車両は、コミック作品『SHAMAN KING』（武井宏之）の完結版35巻と２０２１年４月のTVアニメ化を記念した貸切電車で、11月30日まで運行されたらしい。また、ポスターはひばりケ丘駅構内にも貼られていた。

ひばりヶ丘駅構内のポスター

作品は、シャーマンと呼ばれる霊能力者の主人公が、シャーマンたちの頂点を決めるべく戦いを繰り広げる物語で、キャラクターたちが「ふんばり温泉」でくつろぐシーンもあるようだ。正直に申し上げるが、筆者はジェネレーションギャップを感じて未読のため、それが何巻にあるのか説明できない。90年代の大ヒット作というのに申し訳ない。ただ、最初の数巻を〝立ち読み〟したところ、１巻目に、90年代の（というか最近までそうだったが）ひばりヶ丘駅にあった橋上の改札やホーム上のベンチと思しきシーンがあり（ここにも「南南東久留米―ふんばりが丘―保々谷」が出てくる）、懐かしさを感じた。

▼『めぞん一刻』の東久留米

「ひばり」近辺でコミックやアニメと舞台となった場所といえば、『**めぞん一刻**』の東久留米が有名だ。**高橋留美子**による80年代のラブコメディ。「一刻館」というアパートの若き未亡人「管理人さん」と「五代くん」とのすれ違いがちに進む恋の行方を、一刻館に住まう個性的な人々を絡めて描き、名作の誉れ高い。
　そこに登場する駅舎、商店街、踏切、スナックは東久留米に存在し、作品の舞台は東久留米である、といろいろなところで指摘されている。たしかにそれぞれのシーンをみると、（地元の人間は）なるほどと納得するだろう。

『めぞん一刻　1』
（1982年、小学館）

　２００９年に東久留米北口駅舎が建て替えられる際、地元の商店街有志が、さよならイベント「時計坂駅面影巡りスタンプラリー」を催した。このとき、駅名の看板を一日だけ「時計坂駅」としたり、そのポスターに「管理人さん」を載せているところをみると、作者本人が『めぞん一刻』の舞台は東久留米である、と公式に述べたことはないようだが、半ば以上公認していると思える。

1969年の駅舎（『光の交響詩』東久留米市教育委員会、2000年、p115）

▼鉄道忌避伝説

その「時計坂駅」ならぬ東久留米北口駅舎は、往時、写真のような姿だった。これが、骨格はそのまま21世紀（２００９年）まで使われていたということも、この駅の「頑なさ」みたいなものを感じさせてなかなか趣深い。というのも、東久留米駅の改札口は長い間ここしかなく（つまり上りのみ）、ものすごく不便な駅だったからだ。市役所やイトーヨーカドーがある西口に行くには、商店街を通って迂回し、踏切を渡らなければならなかった。ホームの向こうには頑なな感じの畑が広がっていた。西口ができたのは１９９４年。駅の開業は１９１５年だから80年かかっていることになる。

この歴史を考えると、駅の設置をめぐって市刊行の書物に「汽車のばい煙が養蚕に悪影響を与えるとか、燃え殻による火事を心配する声も少なくなかったようです」(『**東久留米の近代史**』p100、東久留米市教育委員会、2012年)とあるように、鉄道に対する反対があったのも、むべなるかな、と思えてくる。

ところが、こうした鉄道忌避の話は伝説にすぎないというのがいまや常識のようなのだ。じつをいうと最近まで筆者は「鉄道忌避説」を疑っていなかった。たとえば田無について「明治22(1889)年、甲武鉄道(現中央線)が新宿と立川を結んだ。当初、多摩を代表する町の一つである田無を経て立川方面へ敷設する計画だったが、周囲は養蚕が盛んで「汽車の煙が桑に有害である」という農家の反対により田無通過の計画は変更された」(『**多摩の街道　上**』**清水克悦・津波克明**著、1999年、けやき出版)というような説を何度か目にした記憶があったからだ。

しかし、正反対の見解を知った。2で引用した『**地図と鉄道省文書で読む私鉄の歩み　2**』(**今尾恵介**、2015年、白水社)の冒頭(p13)は、「この種の『鉄道忌避伝説』は全国各地で似た内容のものが流布しているが、…鉄道史研究者の地道な調査によって否定され、今では『組織的な反対運動はなかった』というのが定説になっている」と述べている。

こういわれると、忌避説には眉唾で臨まざるをえなくなる。さらに決定版にみえる本があることも知った。その名も**『鉄道忌避伝説の謎　汽車が来た町、来なかった町』**（青木栄一、吉川弘文館）。

2006年の刊行で、『地図と鉄道省文書…』より先に出ている（なぜか参考文献には載っていない）。筆者のような門外漢には「鉄道史研究者の地道な研究」を総括した書物に思える。

この本の結論をまとめてみる。

・鉄道創業時の忌避説には信頼できる文書史料はない。
・それどころか、各地の地域社会はかなり早い時期から鉄道の有効性を認識し、その導入に積極的に努力していたという事実がある。
・鉄道のルート計画は、技術的、経済的な制約のなかで採りうる最良のものが選択される。反対運動によるルート全体の変更は考えにくい。たとえば中央線が直線なのは、反対運動のせいではなく、技術的、経済的に理想的な選択ができたからだ。
・「宿場がさびれる」、「沿線の桑が枯れる」といったことを理由にした鉄道反対運動はまったくといっていいほど確認できない。

・こうした伝説は古老の昔話として伝えられたものが安易に流布されたものである。それが検証されずに歴史アカデミズムや市史などの地方史誌、学校教育のなかにまでとり入れられ、いわば「常識」のようになってしまった。

▼田無はどうだったのか？　東久留米は？

同書は、甲武鉄道（現中央線）をめぐる田無の「鉄道忌避説」についても触れている（p176～187）。田無は反対が強く、測量もさせなかった、と1963年刊行の『八王子市史』と69年刊行の『立川市史』が述べていることを紹介。1960～70年代の地方市誌では「鉄道忌避説」が強く展開されていたと述べる。田無という街はその代表例だったわけだ。

ところが90年代に入ると、地方市誌の忌避説に対する姿勢に変化がみられるようになったという。95年刊行の『田無市史』では、「鉄道に反対したとは書かず、消極的であったと述べ」、「大分トーンが落ちている」と指摘している（p183）。

こうしてみると「鉄道忌避」は「伝説」にすぎず、かなりアヤシイことはわかる。判で押したように「汽車のばい煙で桑がダメになる、火事が心配」という話が流布しているのもアヤシサを助長している。

しかし、それでは先に挙げた東久留米の例はどうなのか。「反対の声」というのは伝説なのだろうか。

この本は次のような自説への批判を載せている（p185）。「府中や田無などの人々が鉄道が通るのを反対したという言い伝えが、いまなお根強く存在している以上、それを単に『鉄道忌避伝説』として片付けるのではなくて、なぜそのような言い伝えがうまれたのかを、明らかにする必要があるだろう」（『武蔵野市百年史』による批判）。

当然反論も書いているが、これは立派な態度だと思う。しかし、反対の声の存在を事実認定の問題、「あったか／なかったか」の問題に還元しているようにもみえる。

歴史的な事象の扱いは一筋縄ではいかない。これは鉄道の歴史だけの問題ではないのは、もうおわかりだろう。「ある／ない」の二元論ではない、広い視野に立った議論や考察が必要なのはいうまでもない。

4　大泉学園にマンガ家の「梁山泊」
──竹宮惠子と萩尾望都、そして『黄色い涙』

ちょっと前のことになるが、意外なところで「大泉」の名前を目にした。少女マンガ家・**萩尾望都**の『**一度きりの大泉の話**』（河出書房新社）である。この本が2021年4月に刊行されると、5月の「東京新聞」の匿名コラム「大波小波」が、続けざまに取り上げた。「もう一つの聖地の真実」（5・12）、「『大泉サロン』の亀裂」（5・19）。なにやら意味深である。

▼アニメやマンガの「聖地」

大泉学園は、アニメやマンガと関連深い。大泉学園駅の発車メロディが、劇場版『銀河鉄道999』のテーマ曲であることはよく知られている。これは作者の松本零士が大泉在住で、なにかとこの地に肩入れしていることによると聞く。池袋線ではメーテルほか『銀河鉄道999』のキャラクターがラッピングされた車両が走っていたことがある。

　また、この地には東映の東京撮影所があり、ここで日本初のカラーのアニメ映画『白蛇伝』が制作されたことは、広瀬すず主演のＮＨＫ〝朝ドラ〟『なつぞら』で取り上げられ有名になった。大泉学園駅の北口の通路には、関連作品のパネル展示やキャラクターの銅像が置かれ、「アニメの街」であることを主張している。

　そもそも西武池袋線はマンガ家と縁がある。これは、手塚治虫、藤子不二雄、石ノ森章太郎、赤塚不二夫らが集団で暮らした「トキワ荘」が椎名町駅近辺にあったのが大きいだろう。豊島区はじめ地域は、こぞって「トキワ荘」を街おこしの材料にしようとしている。

　ちなみに椎名町駅の発車メロディは、藤子不二雄Ⓐの「怪物くん」。なぜそうなのかは知らない。「鉄腕アトム」は虫プロがあった高田馬場駅が使っているので、手塚モノは使えなかったのか？

　それはさておき、「トキワ荘」に集っていた大御所たちの多くが、その後も西武線沿線に住みつき、当初大御所のアシスタントをしていた人がマンガ家として一本立ちし、この沿線に住む……というかたちで、この沿線にマンガ家が増えていった、と想像できる。

▼竹宮恵子にとっての「大泉サロン」

「大泉サロン」というのは、70年代の初頭、「24年組（昭和24年生まれ）」と呼ばれる同世代の少女マンガ家である竹宮惠子と萩尾望都が駆け出しの時代、二人で共同生活を送り、そこに若いマンガ家やアシスタント、ファンなどが入れ代わり立ち代わり入り浸っていて、それが2年ほど続いた状態を指す。「サロン」というのは、外国を舞台にしたマンガ世界を描く二人に合わせた、いかにもなネーミングだ。

「大泉サロン」の一方の主人公は**竹宮惠子**である。彼女はマンガ家になるために徳島大学を中退して上京すると、担当の編集者の紹介で敬愛する石ノ森章太郎の仕事場があった練馬区桜台に住んだ。竹宮は10代でいきなりメジャーデビューしている。石ノ森のアシスタントとなって下積み修業したということではない。〝偶然を装って〟近所の喫茶で遭遇し、声をかけてもらうというような接触はあったようだが。

（※竹宮には自伝が二つある。ひとつは2016年の『少年の名はジルベール』、もうひとつは2021年の『**扉はひらく　いくたびも――時代の証言者**』〔聞き手／知野恵子、中央公論新社〕。竹宮の自伝的事実や発言については『扉は…』によった）

この後、竹宮は萩尾望都と出会い、意気投合する。そして、もうひとりのキーパーソン増山法恵（マンガ原作者）も加わって、「大泉サロン」の形成にいたった。

それは１９７０年秋のことだった。竹宮が萩尾を誘うかたちで同居が始まった。増山が、大泉の自宅の前、「キャベツ畑のそばにある築30年のおんぼろ長屋」を共同生活の場所として紹介している。つまり、増山がいなければ「大泉サロン」はなかったということになる。

増山は才気煥発、文学や芸術にも通じていて、二人に多大な影響を与えたようだ。萩尾の本によると、やがて増山と竹宮は強くむすびつくようになっていった。

『扉はひらく　いくたびも
――時代の証言者』書影

また増山は戦略家で、「大泉サロン」に少女マンガ界の「トキワ荘」というイメージを重ねていたという。積極的に人を呼び、「いつも誰かしら来ている」状態となった。「ちょうどあの時代は、共同体的な暮らしがはやっていました」（p68）と竹宮が書くように、まさに「梁山泊」の様相を呈していた。

「大泉サロン」は開放的ではあっただろうが、その深部には同居していた竹宮と萩尾に増山を加えた、三人の濃密な人間関係があったようだ。傍からみると、この濃密さが「大泉サロン」を崩壊させたんだろうなと思う。

やはりというべきか、「一つ屋根の下に作家が2人もいて、うまくいくはずがない」と共同生活に大反対していた担当の編集者が予想したとおり、その生活は長続きせず2年ほどで終わった。

創作でスランプを感じ、共同生活にもストレスを感じていた竹宮が、萩尾に同居の解消を告げ、「大泉サロン」も消えた。

竹宮は正直に書いている。「萩尾さんに対して嫉妬や焦り、劣等感を感じていたのかもしれません。いや、私が過剰反応していた、一人相撲をしていたのでしょう」(『扉は…』p90)。そして同居解消から半年ほどたって、「萩尾さんに『距離を置きたい』と伝えました。以来、萩尾さんとは没交渉です」(同p92)と述べている。淡々と書いているが、要するに絶交した、ということだ。

▼萩尾望都の言い分

一方の萩尾は、「距離を置きたい」と言われたこと、つまり絶交の宣告に大変な衝撃を受けた。いろいろ思い悩み、心身に変調を来し、埼玉に引っ越しもした。それ以後萩尾は、竹宮の二つの自伝はもちろん、決別以降のすべての作品を読んでいないという。それくらいショックだったということだ。

であるがゆえに、大泉時代のことはほとんど誰にも話すことなく、封印していた。それが、２０１６年の竹宮の自伝刊行以降、竹宮との関係を執拗に聞かれるようになった。ドラマ化まで提案されたという。

たしかにそうだろう。少女マンガ版「トキワ荘」は魅力的だし、いまや大家となった若い二人に青春特有の葛藤があったなら、ますます興味がそそられるのは必定だ。

だが、萩尾にとってそういう事態は耐え難いことだった。それを解決し、その記憶を再び「永久凍土」に封じ込めるには一度だけ話すしかない。それが『一度きりの大泉の話』となった。

萩尾はこの本の前書きで、「人生にはいろんな出会いがあります。／これは私の出会った方との交友が失われた、人間関係失敗談です」と書いているように、誰かを非難するようなトーンはない。「竹宮先生」と書くように、慎重さと配慮を感じさせ、自省もこめて語っている。だから裏話的（スキャンダラス）な陰湿さはない。ＳＮＳ全盛時代である昨今の殺伐とした非難の応酬、品性下劣な言語空間ではない。

とはいっても、決別にいたる経緯については、決定的なことが語られている。

同居を解消したのち、萩尾は、竹宮と増山に呼び出され、『小鳥の巣』などの作品について詰問された（竹宮は増山と一緒だったとは書いていない）。そして「あなたは私の作品を盗作したのではないか？」と言われたようだ。これは、萩尾にとって全存在を否定されるような出来事だったろう。

『一度きりの大泉の話』書影

萩尾は、増山と竹宮の二人は「少女漫画革命」（少女マンガのレベルを上げ、その評価を上げる）を目指していた、と語る。当初二人は自分を引き込んだものの、やがて思いを純化させていき、「気がつくと、（萩尾が）邪魔な存在になっていた」（『一度きりの…』p269）。そして「距離を置きたい」＝全否定へといたった。

「（二人のことは）何も聞きたくもないし、何も言いたくない」（同p173）と萩尾が語るのは、わかる気がする。が、これは萩尾の一方的な言い分だ、ともいえる。

こういう話に揺るぎのない「真実」はあるのだろうか。関係がこじれてしまうのはお互い様だし、「言った、言わない」になると、永遠に決着がつかない。本当の悪者はいないのだ。ファンは残念だろうが、この二人が和解することはないだろうと思う。

▼濃密な共同体的空間

筆者は、この２冊を人間関係の劇を観察する本として読んでしまった。では、それだけの本かというと、もちろんそんなことはない。ファンは代表作のメイキングとして楽しむことができるだろう。どちらの本にも共通するのは、創作することの深部にふれる感覚があることで、いろいろなジャンルのクリエイターにとっては刺激となるはずだ。

竹宮は、京都精華大学にマンガ学部を作り、同大学の学長にもなっている。マンガを教育する立場から、マンガをめぐる現状と可能性についても語る。「マンガなどの知的財産は、保護するだけでなく、利用推進とのバランスをはかっていくことが重要」（『扉は…』ｐ１８５）といった興味深い提言も盛り込まれている。

とはいうものの、この人間模様はドラマになる。「トキワ荘」は映画になっているが、「大泉サロン」もアレコレ設定を変えれば可能ではないか（当人たちのＯＫは出ないだろうが）。

竹宮と萩尾は前述のように「24年組」と呼ばれ（ほかに大島弓子、青池保子、木原敏江、山岸凉子、ささやななえこ、など）、いわゆる「団塊の世代」でもある。「革命」といった熱い理念。70年代初頭、同じ志をもつ者が集う濃密な共同体的空間。二人の作品にも登場し、盗作云々の問題となった「寄宿舎」も共同生活だ。そして凄まじい人間関係という結末。「大泉サロン」は「連合赤軍」とも時代を共有していることに気づいた。

もうひとつ、同時代を描いた作品を思い出した。こちらはテイストがまったく違う。

『若者たち』書影

それは**永島慎二**のマンガ作品『**若者たち**』（１９７３年、双葉社）だ。主人公はアシスタント仕事で食いつないでいる青年マンガ家。時は１９６８年秋、阿佐谷にある主人公の安アパートのひと間には、売れない画家、自称詩人、作家、歌手志望などが転がり込み、共同生活を始める。「サロン」どころではない大貧民生活が続く。劇的なことは起こらない非マンガ的展開。だが「青春」の一場面ではある。共同生活の楽しさはあるものの、何となく行き詰まり感のある時間が流れ2年ほどが経過した。主人公はこのままではいけないと決心、「みんなこの部屋から出てってくれ！」と告げた。そして、一人になった主人公。仕事がはかどるはずが、こころの中には風が吹いていた……という内容だ。

これが1974年、『**黄色い涙**』というタイトルで、NHK「銀河テレビ小説」のドラマになった。脚本は市川森一。主演のマンガ家が森本レオ、画家が下條アトム（2025年死去）、小説家が岸部シロー。主題歌は小椋佳が佐藤春夫の詩にそのまま曲をつけて歌った「海辺の恋」。オンエア当時、筆者は高校1年生だったのだが、このドラマにドハマりした（マンガは後から読んだ）。このマイナーな感じで生きていくことに共感してしまったのだ。恥ずかしながら、こういう指向性はいまもあまり変わっていないと思う。

（『黄色い涙』は2007年に、「嵐」のメンバー主演で映画化もされるが、その脚本も市川森一だった。この映画についてはコメントしない）。

5 大泉はなぜ「学園」なのか？

――牧野富太郎、古谷三敏、『ミカドの肖像』

▼日本植物学の父・牧野富太郎の庭園

2023年春のNHK連続テレビ小説、いわゆる〝朝ドラ〟は、神木隆之介主演で「日本の植物学の父」と呼ばれる牧野富太郎博士をモデルにした『らんまん』だった。この牧野博士、大泉学園に縁が深いことは、ドラマを見た人は覚えておられるだろう。

牧野博士が1957（昭和32）年、満94歳で没するまで研究生活を送ったのが、大泉学園駅からほど近い場所だったのである。現在その地は「練馬区立牧野記念庭園」となっている。

1862（文久2）年、高知県に生まれた牧野は、独学で植物研究の道に入り、採集と分類と著述に生涯の過半を費やした。発見・命名した植物は1500種類以上にものぼる。「日本植物学の父」といわれるゆえんである。

練馬区立牧野記念庭園は、大泉学園駅から徒歩約5分、牧野の住居と庭がベースになっている。1926（大正15）年、牧野は渋谷から東大泉のこの地に移り住み、没するまでこ

練馬区立牧野記念庭園　展示室の入口

こで研究生活を送ったことはドラマでも描かれていた。関東大震災以後、多くの人や施設が武蔵野地区に移動するが、牧野もその流れで移住したようだ。

テレビの「出没！　アド街ック天国」が大泉学園を特集したとき、当然のことながら「牧野記念庭園」はランクインしていた。解説の山田五郎が「一家に一冊『**牧野日本植物図鑑**』」と述べていた（ウチにはないけど）が、それくらい定番ということだ。この『牧野日本植物圖鑑（初版・増補版）』は、ネット上で読むことができる（無料）。

哲学者の**鷲田小彌太**は、『**日本人の哲学4**』（２０１７年、言視舎）の「自然の哲学」で牧野を取り上げ、その図譜の重要性を強調

『牧野日本植物圖鑑』デジタルコンテンツより

している。『『図譜』は『自然誌』の生命源」「研究成果の是非をはかる点で、写真よりはるかによくわかる」「二一世紀の現在でも、手書きの『図』が、動植物全般について、視覚だけでなく人間の覚知全般によくよく反応する。わかりやすいのだ。牧野『植物記』の成功の大きな因だろう」という具合だ（p91～92）。

先のサイトでは、その図版をじっくり確認することができる。

「牧野記念庭園」は、大泉学園駅南口（昔の姿を知るものとしては驚きの変貌を遂げたと感じられた）を出て、昔ながらの武蔵関・吉祥寺へいたる細いバス通りを行き、自動車教習所の脇を入ったところにある。300種類以上の植物が植えられ、企画展示室・常設展示室も見学できる。ちょっとした散歩にはうってつけだと思う。

大泉は、2019年前期、広瀬すず主演の朝ドラ『なつぞら』でご当地アニメ会社が登場したこともあり、練馬区は大泉を「アニメのまち」であることをウリにしている。新作『らんまん』で「まち興し」のネタがまた一つ増えたかっこうだ。

『BARレモン・ハート35巻』(2020年、双葉社)

▼BARレモン・ハート

街ガイドみたいな書き方をすると、〝庭園散歩のあとは、しぶいBARでホッコリしたひとときを過ごしてみてはいかがでしょうか〟。

大泉はマンガの街であることは4でふれた。『ダメおやじ』で知られるマンガ家・**古谷三敏**がオーナーをしていたBARが大泉学園にある。その名は「**BARレモン・ハート**」。80年代なかばから「漫画アクション」などに連載された超長寿作品と同じ名前である（古谷三敏氏は2021年に亡くなった）。

この作品は酒のウンチク・マンガ、といったらいいだろうか。舞台は「BARレモン・ハート」。だいたい一話につきひとつの酒をめぐるマスターと常連客が交わすウンチクに、飛び込みの客が持ち込むエピソードが絡む「人間ドラマ」となる。ウンチク・マンガというとだいたい偉そうな感じがどこかに漂ってしまうのが普通だが、この作品にはそれがない。きっと作者がそういう人なのだろう。代表作が『ダメおやじ』だし。

で、作品のBAR空間と、現実の大泉のBARが交差する。店の酒の棚は作品そのもののような感じがした。……というのは、20年以上前、この店を訪れたときの感想。事情通の友人につれてきてもらったのだった。ただ、大泉は自宅から中途半端な位置にあるため、その後この店に通うことはなかった。

そして2021年10月に入り、禁酒法みたいな「緊急事態宣言」も明けたので、店に行ってみることにした。前に行ったときは、たしか昔あったPARCOの近くだったと記憶していたが、2003年に線路をくぐって北口から南口にぬける道ができて街の様子がすっかり変わっていて、さっぱりわからない。地図で検索し直してやっとたどり着いた。* もっとも店じたい、少し移動していたのだが。

* 「大泉学園駅入り口第一」という交差点のすぐそば。練馬区 東大泉 4－2－15 原田屋ビル B1F

17時開店で、その日の最初の客となった。外の写真は撮ったから、一杯だけ飲んで帰ろうと思っていたが、客一人、店主も一人、酒場で飲むのは久々ということもあり、結局話し込んでしまった。

ものすごい数の酒が並ぶ棚は、相変わらず作品世界とリンクしているようだ。威圧感がないのは、店主のバーテンダー氏の性格だろうか。彼は、古谷三敏氏のお孫さんで、三敏氏のマネジメントもされているという。85歳になる三敏氏が月1回「BARレモン・ハート」の連載を続けられた理由のひとつは、「漫画アクション」を出す双葉社の「ゆるさ」にある、などという出版業界の話や昔の大泉の話で盛り上がったのだった。

こうしたオーセンティック・バーの存在は、その街の成熟度を示しているような気がするが、いかがだろうか。

▼なぜ「学園」？

ところで、駅名についている大泉学園の「学園」とは何だろうか？

たとえば「成城学園前」や「玉川学園前」の場合、近くにその名の学校がある。「都立大学」や「学芸大学」には、いまその大学はないが、かつてはあった。しかるに大泉学園には、それらしき学校はない。東京学芸大学附属の小・中・高はあるが、それが駅名に反映されているとは思えない。

その「学園」とは何かというと、それは一橋大学（正確には東京商科大学）ということになる。大泉は大学に〝逃げられた〟というわけだ（なにやら田無と中央線のよう＝本章1参照）。手元の資料を見るとこうなっている。

《（この駅は）大正13（1924）年11月1日に「東大泉」として開業し、昭和8（1933）

年に現駅名に改称した。駅名に「学園」と入れることで、東京商科大学（現在の一橋大学）の誘致を狙ったというが、その目論見は成就することはなかった。》（**矢嶋秀一『西武池袋線　街と駅の1世紀』**２０１４年、彩流社、ｐ32）

▼猪瀬直樹『ミカドの肖像』と栄枯盛衰

この「大泉学園」については、もっと前に読んだ記憶があった。それは**猪瀬直樹**の**『ミカドの肖像』**（１９８６年、小学館）に違いないと思っていた。

同書は80年代なかばに書かれた大作で、やがて東京都副知事から知事になったノンフィクション作家の出世作。１９８７年第18回大宅壮一ノンフィクション賞受賞。バブル前夜、成熟を迎えようとしていた日本の消費社会のなかでも、隠然と息づく「ミカド」＝天皇制のあり方をさまざまな角度から描こうとした力作。ロラン・バルトの「この都市は中心をもっている。だが、その中心は空虚である」という引用から始まり、海外

『ミカドの肖像』書影

取材もまじえて海外からの天皇への視点もいれ、哲学者中村雄二郎との対談で終わるというものすごく凝ったつくりの本で、当時の大衆消費社会と不気味さをもつ天皇制をめぐる日本人のメンタリティを描こうとしている。

ただ筆者には、この本の3分の1ほどが、皇族に擦り寄りそのイメージを借りながら巨大企業に成りあがってきた西武グループの裏面史になっていることが印象的であり、じつはそういう本として記憶していた。本の前半を総括する言葉を引用する。

《(西武グループの創始者）堤康次郎は、…日本人がなにに支配され、なにを欲しているか、知悉していた。…彼においては天皇制とカネ儲けがみごとに一致しており、それゆえに大衆消費社会の帝王となりえたのである。／しかし、日本人はカネ儲けよりも自分自身を探すことのほうが緊急である、と僕は信じている。》（p234）

80年代、西武グループは栄華を極めているようにみえた。プリンスホテルは都心からリゾート地にまで増殖を続け、西武ライオンズも常勝球団へ快進撃、セゾングループは文化的な香りのするデパートや音と映像のWAVEなどで「おいしい生活」を売っていた。

そうした西武帝国の裏側を描いて猪瀬は名をあげ、やがて権力の座へ駆け上る（2012年、東京都知事）。しかし、2013年、政治献金スキャンダルで知事を辞職。政治家としては一度失脚した。

西武グループの堤一族の栄華も永続しなかった。堤義明は2006年、インサイダー取引の疑いで逮捕され有罪となり、表舞台から退いた。セゾングループも寂しい限りだ。池袋の「セゾン美術館」は消え、書店界で一世を風靡した「リブロ」は三省堂書店に替わった。本丸の主が替わったみたいなものである。

そういう意味でこの本は、内容以上にさまざまな栄枯盛衰を伝えていて、なかなかに味わい深い。引用した最後のセンテンスは、日本はこの後、バブル景気に酔い痴れ、やがてバブル崩壊の憂き目に遭い、さらには「失われた20年」を経たいまも冴えない状態が続いていることを予見しているようだ。そして、この作家は日本人に「自分自身」を知らしめようとして政治家となり、東京オリンピックを招致したのだろうか。よくわからない。

▼「国立」の意味

『ミカドの肖像』はそういう本なので、大泉「学園」が一橋大学にふられた経緯について詳しく書いてあるかと思っていたら、それは記憶違いだった。大泉学園については、そっけない記述しかない。堤康次郎の年譜を引くかたちで、堤は大正9（1920）年に「箱根土地株式会社」を設立（のちの国土計画→コクドとなり、さらにプリンスホテルと合併するが解散）、さまざまな開発を進めていく。「関東大震災の翌大正13年、十一月、大泉学園駅を寄付（注：建築して寄付の意と思われる、ただしこの年はまだ「東大泉駅」だったはず）。大泉学園都市開発に着手。小平学園都市開発着手。／大正15年、四月、国立駅を寄付建築し、国立学園都市成る。一橋大学を誘致す」とある程度だ（p213にも同内容の記述がある）。

大正13年に、堤が学園都市を大泉につくろうとし、そのときから東京商科大（一橋大）を呼ぼうとしたのは確かだ。そして、一橋大移転後の昭和8（1933）年に駅名を変えたのも、とにかく学園都市をつくろうとした意欲のあらわれのようだ。

最後にもう一つウンチクを。BARで語ると盛り上がるかも。

セゾングループのトップで作家の**辻井喬**（堤清二）が、父堤康次郎を描いた長編評伝小説**『父の肖像』**（2004年、新潮社）に興味深いシーンがあった。「国立」という駅名のいわれがわかる。

「国分寺と立川の間だから国立か、うん、いい名前だ」（主人公楠次郎＝康次郎の発言、p163）

6　武蔵関と桐野夏生の土地勘
――田園的ではない「武蔵野小説」

２０２１年４月下旬、テレビ東京の「出没！アド街ック天国」で西武新宿線の「武蔵関」が取り上げられた。この街が特集されるのは「おそらくテレビ初」というのが、〝つかみ〟の文言のようになっていた。それくらいマイナーというか、地味な街ということなのだろう。たしかに「武蔵小山」のでかい商店街、ハイテク企業とタワーマンションの「武蔵小杉」は、いろいろなところで目にする。「武蔵藤沢」は西武池袋線の奥のほうにあるが、アウトレットパークで有名。それらに比べると「武蔵関」は地味かもしれない。

それを否定するつもりはないが、テレビとは違った角度からこの街をのぞいてみたい。

その前にちょっと寄り道する。

▼「中央線小説」別件

『中央線小説傑作選』（南陀楼綾繁［なんだろうあやしげ］編、２０２２・３、中公文庫）という本が出て、紹介記事を何本か見た。これはタイトルどおり、中央線沿線の街に関わる小説のアンソロジーで、文庫オリジナル、つまり最近になって編まれたということだ。「中央線小説」というコンセプトで〝お客さん〟を呼べるという判断なのだろう。同好の士を見つけたようで、ニヤリとしてしまった。

中央線と同じように、西武新宿線の武蔵関にもここを舞台にした小説があるぜ、というのが、今回の趣旨なのだが、その前にこの「中央線小説」についてふれたい。

この文庫を購入しようと思ったのは、**黒井千次**の**「たまらん坂」**が収録されているからだ……ちょっと前まで、紙の本が品切れていたのだが、あれ、いまは発売中……、状況が変わった。でも、名前だけ知っていた作品を読めたのだから、よしとしよう。これは、国立にある坂の名前の由来をめぐって、登場人物があれこれ思いをめぐらす短編。作品中には**忌野清志郎**の**RCサクセション「多摩蘭（たまらん）坂」**が登場する。

ということで、キヨシローのファンは、この実在する坂を「聖地」のように考え、彼の命日の5月2日には、「たまらん坂」の標柱横にはお供え物が置かれるようだ。２０２１年は生誕70年、13回忌だったそうで、その様子を東京新聞が報道していた（２０２１・５・20）。

『中央線小説…』の編者は「解説」で、「自分ならどんな作家と作品を選ぶだろうと想像しながら、読んでもらえたら」と書いているので、早速実行する。

「国立」という名にも由来がある。それは「国分寺と立川」から頭の1字をとったというもので、このエピソードが語られるのは**辻井喬**『**父の肖像**』だ。西武鉄道とこの街の因縁は深い（本章5参照）。

そして、国立や一橋大学あたり、国分寺が舞台というと、その作品が映画化され、ガイドブック（成田清文『佐藤泰志をさがして』）、評伝（中澤雄大『狂伝　佐藤泰志―無垢と修羅』）も出て、再評価の機運が著しい**佐藤泰志**の名前をあえて挙げておきたい。映画では函館に翻案されるが、小説『**きみの鳥はうたえる**』の舞台は国分寺だ。また、『**黄金の服**』には、夏休みの一橋大とおぼしきプールが出てきて、主人公たちは閑散としたこのプールで日課のように泳ぐ。佐藤の作品はなぜか夏が多いのだが、意味があるのかないのかわからないようなこういうシーンは、間違いなく70年代後半のある空気を感じさせてくれる。だから作品には不可欠だ。

▼桐野夏生の土地勘

西武新宿線に戻ろう。あまり有名ではないといわれる「武蔵関」だが、この街を舞台にした小説はある。書いたのは**桐野夏生**。ミステリー界の大物である。作品は『**夜の谷を行く**』（2017年、文藝春秋、文春文庫）。主人公は、かつて連合赤軍事件に関わり、服役した経験がある女性。彼女がひっそりと一人で暮らしている街が、武蔵関となっている。

かつての同志でもある「夫」と40年ぶりに会うことになり、新宿にでかけると、東日本大震災が発生する。その直後の二人の会話――

《「啓子（注：主人公）の家はどこなの。今、駅で聞いてきたけど、どの線も皆止まってるってよ」

「あたしの家は、西武新宿線の武蔵関だけど」

やむを得ず、正直に答えた（注：主人公は元夫に心をゆるしているわけではない）。

「武蔵関か。区の外れだっけ。ここから歩いて、どのくらいかかるかな」

新宿からなら、十五キロはあるだろうか。青梅街道を延々と歩けば着くだろうけれど、歩いたことなどないから、いったい何時間かかるか見当も付かない。》（文庫p102）

武蔵関はこのように登場する。主人公は過去を隠し、人目を忍ぶように生きている。スポーツジムと図書館に通うことがわずかな楽しみ。そうした地味な暮らしの場所に、「区の外れ」で、特徴的なランドマークがあるわけでもないこの街は似つかわしい、ということなのだろうか。街は詳述されず、彼女がここに住む理由が説明されているわけではない。であるならば、「M」というイニシャルでもよさそうなものだが、はっきりと「武蔵関」とされている。

桐野は、このあたりに土地勘があるような気がする。

彼女に『**魂萌え！**』（２００５年、毎日新聞社、新潮文庫）という作品がある。主人公は突然夫に先立たれてしまった59歳。この作品は、桐野のいうところの「白い作品」に属していて、死体を切り刻むとか、誘拐だとかというような救いようのない話で構成されていない（ちなみに桐野は後者を「黒い作品」と呼ぶそうだ）。

（ネタばれご免）その主人公が急死した夫の〝謎〟を追うため、夫が生前参加していた「蕎麦打ち教室のメンバー」と待ち合わせる場所が、西武池袋線の大泉学園駅の改札口。夫の「愛人」の蕎麦屋は大泉駅から歩いて行けるところにあった……。

武蔵関と大泉学園は近い。西武バスで武蔵関からそのまま北上すると大泉に至る。さらに主人公の自宅は「西東京市」であることを述べるシーンがある。これは西武新宿線の西武柳沢から東伏見あたりだろうと想像できる。……というように、この2つの作品の舞台は隣接している。

だからどうした、という声が聞こえてきそうだが、「桐野が登場させる街（土地）」は気になる。武蔵野地区の土地勘は桐野が吉祥寺にある成蹊大卒だから、という面白みのない解釈はおくとしよう。実際の事件を題材やモチーフに組み込みながら、フィクションと現実が入り混じる桐野の多くの作品では、土地のリアリティが、作品が描く事件や人間関係のリアリティと結びついているように感じられる。

▼『OUT』も「武蔵野小説」である

彼女の代表作といっていい『OUT』（97年、講談社、講談社文庫）の舞台は、「アド街」では「武蔵」がつくのに名前があがらなかった「武蔵村山」市だ。巨大な自動車工場近くの弁当工場が主人公たちの職場である。郊外とはいっても、のどかな田園風景とは無縁、およそ「武蔵（野）」らしくないがゆえに、もっとも日本の現在の郊外らしいともいえる風景が思い浮かびそうな土地だ。この広大な自動車工場は日産のもので、カルロス・ゴーンの改革でこの地から撤退したことを考えると、よけい「らしさ」を感じる。

また、主役の女性は「田無市にあったT信用金庫の職員だった」とあるし（文庫上p299）、小平霊園や小平の団地も出てくる。

そして、バラバラになった死体の一部が発見されるのが「K公園」だ。この公園はその後のストーリー展開で重要な役割を果たすことになる。「K公園」は小金井公園だと、地元の人間は想像するが、事件が事件だけに「K」としたのだろうか。

実際にバラバラ死体が発見されるという事件が起こったのは、井の頭公園だった（94年）ということもあるかもしれない。筆者は『OUT』を読んだ後、小金井公園でそういう事件があったと思いこんでいたが、さきの『中央線小説…』所収の**吉村昭「眼」**を読み、井の頭公園だったことに気づいた。

ことほどさように、フィクションと現実を自在にあやつる桐野が、『夜の谷を行く』で武蔵関を登場させた意味は何か？　この作品の主人公は架空の人物である（モデル的な存在はいると思われるが）。1971〜72年の連合赤軍事件から時を経て2011年まで、事件を避けるように生きてきた女性は、いかにもこういう地味な街に住んでいそう、ということだろうか。

▼「武蔵関」異聞

じつをいうと、もう30年も前になるが、筆者は「武蔵関」に1年ほど住んだことがある。

こぢんまりとした静かな住宅街という印象があった。きっと駅近くにドデカいビルなどがなかったからだろう。

急行は停まらない駅の南口を右に出ると小さな商店街があり、そこを抜けると脇を石神井川が流れる桜並木道に出る。ここは〝撮り鉄〟のポイントで、「西武新宿線と桜」というショットがよく撮られている。この道をそのまま行くとちょっとした大きさの富士見池を有する武蔵関公園がある。ここも井の頭公園と同じように東京の水脈を形成している（４章２）。

今度は逆に下流に向かって説明すると、富士見池から水を集めた石神井川は、駅の横を通り、新青梅街道が走る北側の台地と、青梅街道が走る南側の台地をえぐるように流れる。川の両端には、「都区内最高地点」がある。それは「石神井高校」（北側）と「北浦」（南側）である（**川副秀樹『東京「消えた山」発掘散歩』**２０１２年、p76）。

つまり武蔵関は「谷底」にある。……ん、『夜の谷を行く』は、だから武蔵関なのか？

▼３・11以降

２０２２年は、連合赤軍事件から50年に当たる。１９７２年に起きたこの事件は戦後社会の結節点にあるといわれている。同志のリンチ殺害が発覚したこともあり、これ以降左翼運動が急速に下火になっていった。一方、日本の高度経済成長は翌年のオイルショックでつまずくが、大きい流れでみれば、この時は消費資本主義への転換点にあたっていた。連合赤軍内部での女性同士の対立は、新たな消費社会の胎動が左翼の内部にもあらわれていたことを指摘する評論もあった（**大塚英志『「彼女たち」の連合赤軍』**、１９９６年）。

それから50年。日本社会は２つのオイルショックを乗り越えて、「ジャパン・アズ・ナンバーワン」、「一億総中流」といわれた時代もあった。が、バブル崩壊後の「失われた30年」、とりわけ２０１１年の３月11日東日本大震災以降顕著になったのは、その「中流」の没落だ。そう指摘するのは**笠井潔**である。笠井はこの流れで『夜の谷を行く』を取り上げる（**『例外状態の道化師（ジョーカー）ポスト３・11文化論』**２０２０年）。

「３・11」という結節点で、『夜の谷…』の主人公も、事件の「その後」と関わらざるを得なくなる。笠井は「連合赤軍事件は、二一世紀の現在もなお不気味な音で時を刻み続ける『時限爆弾』にほかならない」（ｐ１８６）と述べている。

時代の節目と節目が反応し、否が応でも個人はそこに巻き込まれる。『夜の谷…』の主人公に「ＯＵＴ（出口）」はあるのか。３・11からほぼ10年して発生したパンデミックと戦争。時代はまた大きな結節点を迎えているようにみえる。

第2章

いまふたたびの団地ブーム？

ひばりテラス118

1『孤独のグルメ』がひばりが丘団地にやってきた

――東京だけど東京じゃない

『孤独のグルメ』をご存じだろうか。**松重豊主演**、テレビ東京系のドラマで、2022年10月7日から「ドラマ24」枠（つまり深夜枠）でSeason10が放送された。2012年スタートだから、長寿ドラマといえる。「おじさんがご飯を食べているだけの番組」（2018年、このドラマが韓国で最も人気のあるドラマとして表彰された際の松重豊の言葉）が、2022年で10周年というのは興味深い現象だ。

ドラマの原作となっているのが、**マンガ『孤独のグルメ』**である。**原作は久住昌之**、**作画は**2017年に亡くなった**谷口ジロー**。雑誌の初出は1994年だから、かなり前の作品だ。新装版（2008年、扶桑社）を読んだが、いま読んでも違和感がない。移り変わりの激しい外食産業を描いているのに、なにか考えるに値することがここらあたりに潜んでいそうだ。

▼主人公はひとりごちる

作品の基本構造はマンガもドラマも一緒。中年男性（マンガでは輸入雑貨商の「俺」、ドラマでは松重豊演じる「井之頭五郎」）が商用などで訪れたまちで、地元の人が〝普段使い〟する店と遭遇する。その店では何が旨いのか、喰い合わせはどうか等々について、独り思いをめぐらせながらあれこれ注文し（「注文しすぎだろ」と思うことが多いが、平気で完食）、それを目一杯堪能するというのがパターンである。

武蔵野地区でいうと、マンガ版第11話に「練馬区石神井公園」がでてくる。日曜日の午後、この公園に来てしまった主人公は、公演に隣接する豪邸を眺めたりしながら（そう、豪邸は石神井公園名物だと思う）、公園によくある「休憩所」に逢着する。おでんを頼み、カレーライスではなく、グリーンピースがたくさんのっているようなカレー丼を頼み、このようにひとりごちる。

《こういうのなかったなぁ…最近／でもなんでだろう…このトロンとした雰囲気／ずっとここにいたような居心地の良さ／子供の頃　夏休みに田舎のおばあちゃんちで食べたお昼かな》（p111、112）

『孤独のグルメ』新装版書影

食後にウトウトしていると、「寝ないでください」という店の張り紙（公園で歩き疲れて寝ころぶ人が多いのだろう）。そういうオチがあり、さらに、帰りのバスでまたもうたた寝する主人公、というエンディング。オジサンは昼間すぐ眠くなるのだ。オジサンあるあるである（店で見かけたお母さんのオシリへの視線も）。

じつをいうと、この原作者である久住昌之は三鷹市の出身、筆者と同い年ということがあり、その意味でも興味深い「あるある」があった。この作品で食事の前に自販機からジュースを買うのだが、その銘柄が「チェリオ」なのである。主人公は「へぇ～、懐かしいな、まだ売っていたのか」「わざとらしいメロン味！」とつぶやく。そうなのだ。小学生だった筆者は、このチェリオのオレンジが「プラモデルの味がする」と言って、唯一それを売っていた隣町（新座）の自販機までわざわざ出かけて飲んだことがあった。もちろんプラモデルを食べたことはないし、このヘンな味にはすぐに飽きたが。

▼「意味無く歩く」ことの楽しみ

２０１９年、ドラマ『孤独のグルメ』が、われらが地元ひばりが丘にやってきた。Ｓｅａｓｏｎ８のある回。埼玉県新座市の肉汁うどん屋に寄った後、主人公はバスに乗ってひばりが丘団地に到着。ホントは1回乗り換えなければならないのに直通、車中オッサンはうたた寝。ま、そんなことはどうでもいい。かつてのひばりが丘団地の2階建て住居（この団地には4階建てだけではなく、2階建てもあった）をこぎれいにリノベーション、コミュニティ・スペースなどにした「ひばりテラス118」を訪れ、そこのカフェで「カステラパンケーキ」なる名物で「小腹を満たす」という内容だった。例によって観ているだけで腹一杯になった。

この名物スイーツ目当てに都内からも来る人もいるといい、店員が「わざわざ遠いところ」を強調しているのが、ドラマなのに気になった。おまけに最後にこんなセリフを主人公に言わせている。

「さてと、東京に戻るか。あ、ここも東京だった」

たしかに、「ひばりが丘」は東京らしからぬ東京なのである。

という具合に、『孤独のグルメ』はいわゆるグルメリポートではないし、「B級グルメ」とか「町中華」といった小賢しいトレンドとかは関係ない。テレビは松重豊の演技力が大きいけれど、テレビもマンガも「あ、こういうひとりメシもいいよな」と思わせてくれる。だから、十年一日の如きの店で、オッサンがメシ食っているだけでドラマが成立している。

本当は作為がなければ成り立たないのに「無作為」にみえるのがいい。

ＮＨＫの番組に『**ドキュメント72時間**』というのがある。ひとつの場所を３日間定点観測し、そこに集う人びとの姿を、インタビューもまじえながらひたすら映した番組である。「うどんの自販機」をめぐる回があった。味付けは自動ゆえ、たいして旨くないであろう自販機の「うどん」をその周りで食す人びとには、それぞれの事情があり、大袈裟にいえば人生もあり、そこはかとない悲哀も伝わってくる。この作品の「無作為」さと『孤独のグルメ』のそれは、どこか通底するものがあると思っている。

久住昌之作、谷口ジロー画の『**散歩もの**』という『孤独のグルメ』の姉妹編といえる作品がある（２０００年に連載開始、２００６年単行本、２００９年扶桑社文庫）。『孤独のグルメ』から食事を抜いた散歩マンガだ。その「あとがきにかえて」に、『散歩もの』の「きめごと」が載っている。
①調べない　②道草を食う　③ダンドらない　とある。
《主人公は散歩を「意味無く歩くことの楽しみ」と考えている。／だからボクもそうして歩くことによって、実際に予期せぬことが起こるのを、毎回のマンガの核にしたいと考えた。》（文庫ｐ88）

二つの作品をごっちゃにしてはいけないが、この「無作為」の作為＝演出は『孤独のグルメ』にも共通している。このへんに、この作品がジワジワと浸透していった秘密があるのだろう。

このような〝散歩〟のやり方は、まちを再発見させると言えないだろうか。それはやがてはまちを活性化させるのではないか。そうとでも言わないと、われわれが暮らす「郊外」のまちは、ますます廃れてしまうのではないか、と思ってしまうのである。

▼宮台真司の社会システム論

最近、郊外論としても読める変わったタイトルの本に出合った。**宮台真司・野田智義**の**『経営リーダーのための社会システム論　構造的問題と僕らの未来』**（2022年、光文社）である。宮台は風俗現象から権力論まで、ひじょうに広い領域を分厚くカバーする社会学者、野田は経営学者でMBAを授与する大学院大学「至善館」の理事長・学長。この本は「至善館」の講義を再現したものだという。

その内容だが、現在の日本は「社会の底が抜けてしまった」状態だという認識を前提にしている。社会は「安全・快適・便利」をもたらしてくれるが、多くの人が「生きづらさ」

を感じている。経済的格差は広がり、ヘイトスピーチが横行し、なぜそういうことをするのか、とても理解できない凶悪な事件が発生する。社会的な倫理が壊れてしまっている、といわざるをえない。

なぜそうなったのか。社会は行政や企業の論理、テクノロジーなどで動く「システム世界」と日常的な身の周りの「生活世界」で構成されている。[*] 戦後の日本社会は、この「システム世界」が「生活世界」を侵食し、「システム世界」が全域化していく過程であるととらえられている。

実際、現在、スマホやPCなしの生活が想像できないことからもわかるように、われわれは好むと好まざるとにかかわらず「システム」なしには生きられない。「システム」への過度な依存がいまも進んでいるといえるだろう。

その結果、共同体は崩れ、「われわれ意識」は稀薄化した。「われわれ」どころか「個人の主体性」もあやうい。システムの中では、だれでも取り換え可能な存在になってしまうからだ。人びとの感情も劣化する。損得勘定を超えた倫理に関心をもたない傾向が進む。相互に監視する体制もできている。当然、民主的な政治は機能不全をきたす。

＊システム世界／生活世界というのは、ユルゲン・ハーバーマスの用語とのこと（p83）。よく考えてみると、「シス

テム」と「生活」を分けることはできないのでは、という疑問もあるし、学問的な論議もあるようだが、いずれにせよ「システム」の全域化の意味はよくわかる。

また、「システム」と「生活」を、二項対立として考えないことは、この本でも強調されている。

▼郊外化

このようにこの本の「底の抜けた」社会の状況とその分析は、極めて説得的である。そして、戦後日本社会の「汎システム化」の過程を「郊外化」という言葉で説明しているところが、興味深い。さきほど、郊外論として読めるといったのは、この意味だ。

「郊外化」は３つの段階に分かれるという。

第１段階は60年代の「団地」化⇓地域の空洞化。

第２段階は80年代の「コンビニ」化⇓家族の空洞化。

第３段階は90年代後半からの「ネット」化⇓人間関係の空洞化、匿名化、対面の減少、性愛の損得勘定化。

誤解してはならないのは、本書でも強調しているように、「団地」「コンビニ」「ネット」が悪いといっているわけではない、という点である。こういう議論では、往々にしてなにかを「悪者」にして問題を単純化することがよくある。「ネット」をやめれば（やめられないけど）人間関係は豊かになるわけではない。にもかかわらず、ネットに代表される利便性はニセモノであり人間の欲望に基づいたものだから、これを抑制して、人間本来のあり方に立ち返るべきだ、という考え方をしばしば見受ける。そういう論理はダメだ、ということだ。

システムに一度取り込まれると、そこから抜けることはできない。それをこの本は「構造的問題」と呼んでいる。だから社会をコントロールすることは容易ではない、というかできないのではないか。いろいろな立場で社会を変革しようとする論理があるが、イージーに「変えられる」ような意見はマユツバである。

▼団地の「逆襲」？

それにしても、日本社会が劣化する過程がなぜ「郊外」化なのだろう。システムの全域化をあらわすキーワードとして「マクドナルド化」「ディズニーランド化」という概念も挙げられているが、「郊外」は高度成長期から現在まで貫かれているキーワードだ。

素直に考えて、都市にひもづけられた土地である「郊外」には、消費資本主義の主役たる多くの大衆が住んでいるから、ここに社会的な問題が集中的にあらわれている、ということになるだろうか。これは、この次に取り上げる殺伐とした「郊外」と通底する。日本中どこに行っても、同じようなまちが広がっているという薄っぺらい郊外像は、そのまま日本社会の姿でもある。この考えになんの異論もない。

異論はないけれど、マイナスのレッテルを貼られたかたちの「団地」とか「郊外」としては、このままでいいわけではない。

たとえば高度成長期の郊外化の象徴のような「ひばりが丘団地」（当時の皇太子夫妻が1960年に訪れ、団地に「お墨付き」を与えた）は、経年による建て替えという困難を乗り越える際に〝生き返り〟の策を講じたようだ。そのひとつが、先の『孤独のグルメ』で紹介された場所だったりするわけで、それは地域の空洞化をなんとかしようとする試みに見える。

社会の「郊外化」に抗するには、こうした地道な実践しかないのかもしれない。

2　翔んで三多摩⁉
――「ファスト風土」と「郊外化」

　先にも述べたように、『孤独のグルメ』の原作者・**久住昌之**は三鷹市出身で、ついでに言うと筆者と同い年らしい。氏は『**東京都三多摩原人**』（２０１６年、朝日新聞出版）という本も出しているのだが、これが本書と問題意識的に重なるところが多そうな自伝的エッセイなのである。世代論なんて信用できないという意見もあるが、この本で述べられた体験的なことになると、さすがにオッと思うことも多い。

▼北多摩のドブ川

　たとえば、第一話は「ドブ川を上って」というタイトル。氏の子ども時代、実家のそばを流れていた「ドブ川」を、この機会に三鷹から源流までさかのぼってみた、というハナシになっている。

　このドブ川には、れっきとした「仙川」という名前がある。その名を冠した駅があるくらいだからメジャーな川なのだが、昭和40年代の三鷹の小学生たちはそれを「ドブ川」と呼んでいたそうだ。

これはわかる。昭和の時代、間違いなく多摩地区の川はみんなドブ川だった。私事で恐縮だが、筆者は小学校まで川を２つ越えて通学していた。その川は道端の側溝と同じで灰色に濁っている文字通りのドブ川で、臭かった。「昭和」を妙に持ち上げる風潮があるが、昭和は汚くて臭かったということを忘れてはいけない。

さて、この著者はなんで「ドブ川」探索をしたのかというと、本のキーワードである「三多摩原人」をさぐるため、ということになるだろう。

「三多摩原人」は、三多摩地区に生まれた著者の造語である。「学名：トリタマトロプス・エレクタス」などといって冗談めかしているが、半分は自分をそのように規定してみた、という意味合いもある。**三浦朱門**の小説『**武蔵野インディアン**』と同じような考え方だ。

「武蔵野インディアン」は戦前から、あるいはもっと以前からこの地に土着していた人々のことだが、「三多摩原人」は土着というより、三多摩地区の都市化にともなって住み着いた人を指すようだ。といっても冗談半分なので、三多摩住民の微妙な自意識をあらわしたものとでもしておこう。

久住少年は、小学校の先生が「三鷹は東京のベッドタウンのひとつです」と言ったことで、三鷹は「東京」ではないことに気づく。そして、三多摩はその昔神奈川県だったことを知ったりして、三多摩住民としてちょっと複雑な想いを抱く。われわれは「東京人」ではない、つまり田舎者であるという意識を（少し）もったということだ。同世代の感覚としてこれは共有できる。そして勘で言うのだが、広くは「武蔵野」のカテゴリーに属する杉並区や世田谷区の子どもたちには、こういう思いはなかっただろう。

だから氏が「三多摩」をあらためて歩いてみようというとき、そのとっかかりを「ドブ川」にしたのはわかる気がする。三多摩にも「名所」はあるが、そんなところに「原人」の足跡はあまりないと想像されるからだ。

「三多摩原人」たるわれわれは、子ども時代に、鉄道と並んで川によって地元とか地理とかを意識した。自分の住む駅が鉄道で都会や山につながっているのを知るのと同じように、この川はやがて大きい川に流れ込み、海に通じていることを知る。

《仙川駅の仙川は、（注：自宅近くを流れる）ドブ川の仙川だった！　これには本当に驚いた。ドブ川は三鷹市の新川、杏林大学病院あたりから急に川幅が広がり、仙川駅の東で線路をくぐり、最終的に野川と合流して多摩川に流れ込んでいる。》（p10）

その「ドブ川」を、半世紀ほどの時を経て源流までさかのぼるというのは、「三多摩」探索としてもってこいだ。子どもだったわれわれが遊んだ雑木林はなくなったが、川はキレイになって（これは驚くべきことだ）、だいたい同じように流れている。「ここはむかし××だったとか、あ、ここはすっかり変わってしまった」というような散歩になる。なんでもない風景が、少し意味を帯びて違って見える。部外者が見ても、そのように紹介されると納得してしまう。きっと自分の体験と共鳴するのだろう。だからなんだ、といわれようが、そういうことが少しうれしい。

写真は現在の石神井川だが、『東京都三多摩原人』（p8）にこれとよく似た仙川のイラストがある。

久住昌之の三多摩探索は、ありふれた場所を特別なところに変える、そういうところがいいと思う。

▼「郊外化」に抗する

本章1で、日本社会の「郊外化」という問題を紹介した（宮台真司ほか『経営リーダーのための社会システム論』）。社会全体、生活の細部にいたるまで「システム」によって統御されている状態を、宮台は「郊外化」と呼んでいる。「安全・快適・便利」だが生きづらい、倫理も崩れかけた現在の日本社会がそれだというのだ。そして「システム」が全域化する過程、つまり「郊外化」の過程を「団地化（60年代〜）⇒コンビニ化（80年代〜）⇒ネット化（90年代後半〜）」としている。

この「郊外化社会」の特徴をキーワードとしてまとめると……匿名、没人格、入れ替え可能、過剰流動性、マニュアル・役割、部分的・機能的、損得勘定優先ということになる。

これに抗するにはどうしたらいいのだろうか。前回は、システム化＝郊外化として一括りにされてしまう世界の中に、隙間を見つけていくような散歩とか、団地が画一化から逃れようとしている試みは、「郊外化」への対抗策ではないかと考えてみた。

それでは、「地元意識」を育成するという方法はどうだろう。これははっきりとした構図になる。多摩なり武蔵野なりに住んでいることにアイデンティティを求めようというやり方だ。たとえば「武蔵野インディアン」とか「多摩人」という言い方をする人もいるわけだが、東京とか都会に対して、地域ナショナリズムの主張である。この「三多摩原人」もそのひとつになるだろう。

こうした方法論は、地域の共同性を取り戻そうということであり、「郊外化」は地域性を解体するものだから、この意味でも「システム化」への対抗策として「地元意識」の育成を考えるのは自然な流れだと思う。

しかし、本当にそれは育成できるのだろうか？　そもそもわれわれは「多摩人」を自覚しているだろうか？　多摩地区に住んでいるという自覚はあっても、「多摩人」に自分をアイデンティファイすることはないのではないか。

▼翔んで三多摩

『**翔んで埼玉**』という映画がある。もともと**魔夜峰央**のマンガで、２０１９年に映画化された。「埼玉」を徹底的におちょくった破天荒なコメディだ。これくらい極端に地域をフィクション化すれば、笑ってなるほどね、といえるだろう。埼玉県人の県民的な自意識はたぶん強くないだろうが、フィクションの中なら「埼玉」という共同性は成立する。

これに対して「三多摩原人」はどうだろうか。つまり『翔んで三多摩』は成り立つだろうか。それは難しいといわざるをえない。「多摩人」といわれて、「われわれのことだ」と思う人は多くないだろう。「三多摩原人」という〝発明〟は、面白いと思ったが、中途半端な洒落になってしまった気がする。「三多摩」は、「埼玉」ほどおちょくられたことはないし、都心の連中に上から目線で見られても、反発するというより、そもそもこの地に住んでいるという意識があまりないのではないか。

『東京都三多摩原人』は「ドブ川」探索に続いて、国分寺崖線を歩くという川つながりの展開になるが、その次は武蔵五日市に飛ぶ。その後は三多摩を網羅的に歩くというガイドブック的構成になっている。でも、この本はガイドブックというより、「なんにも考えずに歩いていると、必ず、思わぬものに出会」った記録であると書いてある（p302）。しかし、「三多摩探し」という大きな目的があるせいか、『孤独のグルメ』の底流にある「意味無く歩く」という氏の散歩の原則があまり貫かれていないように思えた。

ただ、最後にはこうある。

《そうやって二年間歩いているうちに「ボクは三多摩人だ」ということすらどうでもよくなって、どんどん自分に対するコダワリとか、テレが無くなって、身軽になるのを感じた。》（p302）

結局「三多摩原人」という意識はそれくらいのものではないか。だから無理に「多摩人」や「武蔵野人」意識を育成しようとしても、それは定着しないだろう。

余談だが、久住昌之原作で『翔んで三多摩』というのをやってくれないだろうか、面白いと思うけどなあ。

▼「ファスト風土」と「郊外化」

そもそも「郊外」を現代日本社会のキーコンセプトにした本として、**三浦展**の『**ファスト風土化する日本　郊外化とその病理**』（洋泉社）がある。２００４年の刊行だからかなり前になる。

80年代後半以降、本格的には90年代になって、日本の地方都市とりわけその郊外はファストフードのように画一化され、どこも同じような様相を呈するようになった。当時は「ジャスコ」（現在はイオン）に代表される大型ショッピングモール、ロードサイドのパチンコ、ファミレス、カラオケ、そしてコンビニが席捲する風景。地域の独自の風土は崩壊し、人びとの生活も変わり、荒れた人心を象徴するかのように犯罪が増えている……。

さすがに事例は古くなっているけれど、この切り口は見事だ。病理と呼んでもいい社会状況が現在にそのままつながっている。そして、ここで取り上げられた「ファスト風土」の特質は、先に挙げた宮台の「郊外化」（とくに第2ステージの「コンビニ化」）に重なる。

「郊外は現代という時代しかない空間であるため、現代社会の問題が最も先鋭的に現れる」（『ファスト風土…』p26）ということだろう。

であるならば、「郊外化」にいかに対抗するか、というテーマが再浮上する。

三浦展は、まちの歴史性や記憶に注目し、「異なる時代、異なる世代の異なる文化が重層的に存在し、街の中にモザイク的に見え隠れしているような状態こそが重要である」（p192）と述べる。この考え方は現在も生きていると思うし、街づくりはこのようにあるべきだろう。

街づくりということでは、郊外のキーワードとして「ニュータウン」を加え、住むという問題を取り上げているのが、**若林幹夫**の**『郊外の社会学――現代を生きる形』**（ちくま新書、2007年）である。

「ニュータウン」は典型的な郊外の住宅であり、均質的、画一的という意味でその特質は「コンビニ」的、「ファストフード」的といえるだろう。

これを「薄っぺら」で、文化を欠いたものとして「冷笑的」に批判する傾向があるとする。それは外れてはいないが、紋切り型な郊外批判ではないか、もっと郊外は複雑で、重層的であるというのがこの本のポイントだと思う。

「冷笑的」の例として、偉い建築家センセイたちの発言が挙げられている。彼らは郊外なんて住むところではないし、住宅は格下の建築だとみなす。要するに郊外をバカにしているのだ。そういうセンセイが新国立競技場を作ったりするわけで、強権的な都市開発が主流なのは無理もないことがわかった。

▼まちはコントロールできない

「郊外」は均質で平板にみえても、実際は「過去の社会がそこに形作ってきた風景や様相の上に積み重なったり、それを破壊したりして形成され」（p97図の説明文）、重層的になっている。そこに住んでいるのは、親との関係だったり、たまたまだったり、「郊外」のコミュニケーションの薄さが好きで住む人もいる（p198）。それぞれが事情を抱えて住んでいる。それを踏まえない議論はナンセンスだということをこの本は何度も強調している。

これには共感できる。筆者も微力ながら「郊外」から重層的な「武蔵野」を掘り出す試みを続けているつもりだ。

さて、この本にはとても面白い事例が載っている。

筑波研究学園都市のことだ。このまちは当初、東京のベッドタウンではなく、独立・自立する「日本で最初の本格的なニュータウン」になるはずだった。ところが、つくばエクスプレスが開通したことによって、つくば市は東京の通勤・通学圏内になった。「東京の求心力の圏内である郊外に組み込まれようとしている」[*]（p91）というのである。つまり、独立都市のつもりが「郊外」都市になってしまったということだ。

*2007年の記述だが、これ以降コロナ禍まで東京の人口の「入超」は続いていたので、「組み込まれた」でいいのかもしれない。

ふたつのことを言いたい。

ひとつは、社会の〝無意識〟は強いということ。都市づくりの思惑をはるかに超えた力がまちを決定するということではないだろうか。都市政策は、社会を十全にコントロールできないことを前提に立案するしかないのだと思う。

もうひとつ。「つくば」を「郊外」にしてしまうくらい、「郊外化」の力は強いということだ。なるほど「郊外化」が現代日本のキーワードになるわけである。

郊外の風景（本文と関係ありません）

3 西武池袋線の夢想
――もしも「ひばりヶ丘」が「自由学園前」だったら

原武史著『**レッドアローとスターハウス　もうひとつの戦後思想史**』（新潮社）の〝主役〟は「ひばりが丘」である。16本ある章題のうち6箇所も「ひばりが丘」（1箇所は駅名の「ひばりヶ丘」だが）が出てくる。かつて、こんなボリュームで「ひばりが丘」を取り上げた本は、たぶんなかった。

▼「レッドアロー」と「スターハウス」を説明しておこう

念のために書くが、「ひばりが丘」は地元の報道サイト「ひばりタイムス」の名前の由来となっている西武池袋線ひばりヶ丘駅周辺の地域を指す。「ひばりヶ丘」は北海道の札幌近くにも存在することを、筆者は路線検索で知ったが、知り合いの間でそれが話題になったことはない。東京在住以外の人に（東京の人でもしばしばあるが）、この地を説明するときは、「池袋は知ってますよね？　所沢はわかります？　その中間くらいにあるところです」と

「ひばりが丘パークヒルズ管理サービス事務所」として残された、ひばりが丘団地の「スターハウス」

話す。それくらいの知名度ということだ。「ひばりが丘」の名が全国的に広まった出来事があった。ある年齢以上の人にそのことを話せば、だいたい「ああ、あそこ」ということになるが、その出来事については、あらためて述べる。

書名にある「レッドアロー」というのは、西武池袋線が秩父まで延長された１９６９年、同じタイミングで登場した、西武鉄道初の座席指定の特急列車。この本で扱われる西武鉄道の、さらには「西武的なるもの」の象徴という意味がある。

もうひとつの「スターハウス」は、ひばりが丘団地にあった「星形住宅」の別名。箱型スタイルでないところが特徴的で人気があり、この建物に入居するのは難しかったそうだ。ひばりが丘団地の象徴であり、「団地時代の幕開けを告げる記念碑的建物」（p27）ということができる。

この「西武的なるもの」と団地という特異な住空間がむすびついて、60年代から70年代半ばにかけて、西武線周辺に独特な政治風土を生んだ。端的には70年代の日本共産党の〝躍進〟に、西武鉄道沿線に多数存在した団地が大きく寄与したことを指している。

その時代の政治思想というと、全共闘運動や連合赤軍事件といった「新左翼」系についての議論が多いが、既成左翼政党の支持基盤の形成やその盛衰について語られることはあまりなかった（日本共産党が自らのことをそのように語るわけがない）。その意味で「もうひとつの戦後思想史」というのが、書名が意味するところである。

▼「西武沿線住民」意識

著者の原武史は、日本政治思想史を専門とする歴史家で、近代の天皇や鉄道についての仕事が多い。幼少期、ひばりが丘団地、久米川団地、滝山団地という西武沿線の公団団地で13年間過ごしたという。その滝山団地の小学校で受けた強烈な「集団主義（平等を標榜した全体主義）教育」体験をレポートし、検証したのが、講談社ノンフィクション賞を受賞した同著者の**『滝山コミューン一九七四』**（2007年、講談社）である。

『レッドアローとスターハウス』は『滝山…』の続編と位置づけられる。

著者は、その「集団主義」の淵源を考えたに違いない。それは主導した教師の独創ではなく、団地という環境が、逸脱を許さず均質化を強要する傾向を助長したと考えただろう。

では、団地とはどういう空間なのか？　それはただの住まいの器ではなく、住民のさまざまな意識を規定している。すると、「滝山団地」の近隣であり、団地としては〝先輩〟に当たる戦後の団地を代表する「ひばりが丘団地」を調べてみなければならない。そう考えたのではないか。このようにして『レッドアローと…』の〝主役〟ひばりが丘（団地）が浮上する。

さらに、この団地という文化は、西武鉄道と密接にむすびついていることに思い至ったのだろう。そこで西武鉄道と西武沿線の歴史について、歴史家らしい豊富な資料にもとづく分析が展開されることになる。

《（西武）池袋線と新宿線にはさまれた区域では、鉄道やバスはもとより、百貨店やスーパー、遊園地など娯楽施設に至るまで、堤康次郎を総帥とする西武資本による一元支配が貫かれた。「練馬区民」「所沢市民」といった行政区分よりもっと強い、「西武沿線住民」という意識がつくられてゆくのである。》（p8）

そして、この地域に日本住宅公団によってひばりが丘団地や滝山団地が建設され、「西武沿線住民」意識はさらに強められたとする。

▼ひばりが丘＝学園都市の可能性

たしかに、団地なしには「ひばりヶ丘駅」自体、成り立たない。そもそも「ひばりヶ丘」という名前で、駅が誕生したわけではないのだ。

この駅の前身は「田無町」という名前だった。1924（大正13）年の開業。この路線のオリジナルメンバーである「保谷」や「東久留米」ができたのは1915（大正4）年だから、新参者である。当時の「保谷村」につくられたのに、この地域の中心だった「田無町」の地主などの要請でこの名になったようだ（この事情は萩原恵子・松田宗男「武蔵野鉄道が通る！」［2022年］による）。

駅開業の翌年、自由学園の一部施設がこの地に移転してきた（1934年に完全移転）。自由学園は土地を分譲して学校運営の資金にしたという。つまり学園がまちづくりをしたことになる。「田無町」は自由学園のための駅みたいになった、と想像される。

ならば、小田急の「成城学園前」のように、「自由学園前」に改称する可能性はなかったのか？　成城の場合は学園が鉄道に働きかけたようだが、自由学園が改称を働きかけた「形跡」はない（『レッドアローと…』p35）。

これはとても残念なことではないだろうか。時代は下って昭和期のひばりが丘周辺地区には、自由学園（最高学部）、明治薬科大学（1998年清瀬に移転）、武蔵野女子大学（現在・武蔵野大学）という〝大学〟が3つもあった（いまも2つあるけど）。にもかかわらず、いまも昔も、大学が3つある江古田のような学生街という感じも、国立のような学園都市という感じもまったくしない。潜在力はあるにもかかわらず、である。まちの魅力ということを考えると、残念といわざるをえない。

ひばりが丘は学園都市を目指したわけではないかもしれないが、そういう選択肢がなかったわけではないのだ。自由学園が土地を分譲していたころ、箱根土地株式会社（西武HDの前身企業）は大泉を学園都市にしようとしていた。しかし、東京商科大学（現在の一橋大学）に逃げられ、大泉は名前だけの「学園都市」となる。箱根土地は、小平でも学園都市構想に失敗したものの、結果的には国立を学園都市として開発することになった。*

この状況からすると、ひばりが丘が自由学園を中心とした学園都市になっていても不思議ではなかった。そうならなかったのは、戦前から戦後にかけての自由学園と〝西武〟の、そして戦後の住宅公団、それぞれの思惑があった。そこに住民の無意識が加わって、ひばりが丘は、「リビングタウン」ではなく、団地のまち「ベッドタウン」を選んだのである。

最近、「ベッドタウンからリビングタウンへ」というコンセプトで、西武HDと住友商事が共同で所沢の西口を再開発しようとしている記事がひばりタイムスに載った（22年10月29日）。

21世紀になってやっと西武沿線は「ベッドタウン」を〝卒業〟するのだろうか。

＊西武の土地開発については第1章5で、西武鉄道が他の私鉄を買収して増殖してきた歴史については第1章2でふれている。

▼「ひばりが丘団地」の誕生

さて、話を太平洋戦争を経た1950年代末に戻そう。経済成長にともなう住宅不足を解消するため、55年に日本住宅公団が発足すると、公団は東京の郊外に次々とコンクリート製の大規模な集合住宅を建設していった。とりわけ西武鉄道沿線には集中的に団地が建てられた。『レッドアローと…』の原武史は、東急が田園都市線沿線に一戸建てを中心にした「東急的郊外」をつくったのに対し、団地を主体とする「西武的郊外」と呼んでいる（p

117)。その代表が1959年に生まれた「ひばりが丘団地」なのである。

都心からそこそこ離れているのが都合よかったせいで、郊外には巨大な軍事施設*の跡地があり、駅のすぐそばは雑木林と畑、つまりほとんど田舎という環境は、集合住宅を建てるのにもってこいだったのだろう（*ひばりが丘団地は中島航空金属 田無製造所の跡地の一角につくられた。第1章2も参照）。

ただ、西武は鉄道と一体化した住宅開発に熱心ではなく、公団がその「肩代わり」で大規模集合住宅をつくっていった（p147）。だから駅から近くはない畑の真ん中に、突然団地が出現したというわけだ。

「ひばりが丘団地」は、当時日本最大の規模と最高の環境と内容を誇ると喧伝され、外国人の関心も集め、多くの大使などが訪れたようだ（p163）。

そして団地の誕生と時を同じくして、1959年5月「田無町」駅は「ひばりヶ丘」と改称された。西武と公団の思惑が合致した結果といえよう。

▼アメリカ的というより旧ソ連的

「ひばりが丘」の名を全国に広めた出来事とはなにか。それは、1960年9月、前年結婚した皇太子夫妻が「ひばりが丘団地」を視察したことを指す。ダイニングキッチンや浴室がある近代的な住居に核家族が住むという団地の生活。団地はそれまでのアパートや貸家とは違った新しい時代の暮らしを提供する場所であり、皇太子夫妻の団地訪問はそうした生活に〝お墨付き〟を与える象徴的な役割を果たしたといえるだろう。

団地ライフが憧れだった時代があったということだ。60年代、団地はどんどん増殖していった。この流れを日本社会の「団地化」と呼び、それは地域共同体の空洞化であり、現在の社会全体の空洞化につながる「郊外化」の第一ステージととらえる考え方がある（宮台真司ほか『経営リーダーのための社会システム論』、本章1を参照）。

現在の団地の風景（本文と関係ありません）

これに対して原武史は、団地自体の共同性に注目している。団地の生活は、たしかにそれまでと比べればプライバシーも守られ、アメリカナイズされた側面もある。しかし、みんな同じような暮らしをせざるをえないというその均一性、画一性は、同時代の旧ソ連など社会主義国の集合住宅とそっくりであることを強調している（実際に原はモスクワを取材している）。

《「個」が確立したように見えながら、そこにあるのは恐ろしく同質的な「集団」の生活であった。》（p167）

と述べ、長くひばりが丘団地の住民だった文芸評論家の秋山駿の言葉も引いたりしながら、「団地とコミュニズムの親和性」を指摘する。原はこれを言いたいがために、この本を書いたのかもしれない。

団地や鉄道の路線と政治意識については、本章4でみることにして、ちょっと言っておきたいことがある。

▼書店の消滅について

『レッドアローとスターハウス』は2012年刊だから、出てからもう10年以上も経つ（2019年に増補新版が出ているようだ）。

刊行当時、ひばりヶ丘駅の急な北口階段の真ん前にあった正育堂書店の入り口に、山積みになっていたことを思い出した。

この10年の間にひばりが丘は、駅周辺と団地を中心に激変したといっていいだろう。だから「いまや歩く人影すらもないひばりが丘団地の風景が、西武の現在を象徴しているように見えた」（p29）という状況も変わっている。それだけ先に挙げた日本社会の「郊外化」は進んでいるといっていいのだろう。

「郊外化」の一例を挙げたい。

先の正育堂書店は、ひばりが丘のパルコにもつい最近まで入っていた（現在は撤退）。一時は中村橋ほか何店か支店があったが、書店経営はやめてしまったようだ（ビルにその名があるが）。ことほどさように、書店は儲からないということなのだろう。ひばりヶ丘駅周辺の書店はパルコの書店1軒のみになった（ここも経営が変わった）。

その背景を考えるに、本や雑誌はスマホに負けた、という側面は否定できない。わたしたちの「可処分時間」は限られている。もちろん使うお金にも優先順位がある。この意味でスマホの勝利は間違いない。

またネットのタダ情報は雑誌を直撃した。雑誌の定期的な売り上げは書店の経営にとって大きかった。多品種であることが著しく手間のかかる書籍と比べ、雑誌の扱いは比較的ラクだということも経営に寄与していたが、それが大きな打撃を受けた。

書店も90年代あたりから、コンビニ的経営を採り入れていったのだと思う。どういうことかというと、徹底的な「死に筋」の排除である。つまり「売れない」ものは置かず、「この商品は売れています、安心してお買い求めください」という文言が象徴する付和雷同型の消費への誘導。この結果、書店のコンビニ化、均質化が進んだ。その先には、コンビニと同様の淘汰が待っていたのではないか。いまもこの事態は継続していると思う（ここでの議論は、**松原隆一郎『消費資本主義のゆくえ――コンビニから見た日本経済』**２０００年、ちくま新書の議論を参照した）。

紙の本は、レコード盤の復活のように勢いを取り戻すことができるだろうか。

4 ひばりが丘&滝山団地・異聞
――西武沿線に住むということ

先に、1960年に当時の皇太子夫妻がひばりが丘団地を視察したことを述べ、団地生活の広告塔のような効果を果たしたことにふれた。ではなぜ、このとき皇太子夫妻は団地を訪れたのだろうか？　もちろん当時、ひばりが丘団地が日本一大きい団地だったからだろうが、ちょっと違う側面について考えてみたい。

▼「日本株式会社」の住まい

団地が急激に増殖していく時期は、日本の高度経済成長期に重なる。経済最優先、官民が一体となり、国民生活を巻き込みながら経済成長のシステムが形成されていった。これはある種の総動員体制であり、「日本株式会社」といういい方もされた。このとき顕著になった集団主義的な国民性は、過去も現在も日本社会の特質となっている。

このシステムは、戦後に突然生まれたのではなく、じつはベースがあった。ベースというのは、戦前の国家総動員体制（１９４０年第二次近衛内閣）のことである。ドイツやイタリアでも採用されたこの「国家（国営）社会主義」は、第二次世界大戦でアメリカの「国家資本主義（ニューディール政策）」とソ連の「国家（国有）社会主義」＝「国家社会主義」と戦い、敗北する。第二次世界大戦は「全体主義と民主主義」の戦いという解説がされることが多いが、標榜する理念が違うだけで、どちらの陣営もベースには国家による社会統制があった、つまり「国家社会主義」同士の戦争だったという考え方もある。社会はいつでもどこでも「全体主義化」しやすい、ということだろう。

さて敗戦で、日本では軍部や内務官僚は解体された。しかし、大蔵・商工（通産）の経済官僚は生き残った。彼らは戦後復興から経済成長の司令塔となる。戦時中に設立された営団金庫、食料管理等々の国家＝官僚統制システムの多くも、同じように生き残っていて、高度経済成長を支えることになる。つまり、日本の高度経済成長には、多分に総動員体制＝国家社会主義的な側面があるということになる（この議論は、**鷲田小彌太『日本人の哲学3』**「経済の哲学」第2章第2節「国家社会主義」によるところが多い）。

ということは、経済成長を支える国民の団地ライフは、まさに国策だった、といってみたい。文字通りの錦の御旗が「皇太子夫妻」だったというわけである。

国策の「日本株式会社」の成長は続いていった。

しかし、団地生活が「憧れ」だった時代はどれだけ続いたのだろうか。高度経済成長の60年代である。この時代、右肩上がりで生活は良くなったはずだから、「憧れ」がフツーになるのも早かっただろう。1973年のオイルショックあたりまでではないだろうか。

▼「憧れ」はやがて……

団地は大型化しながら増えていった。なかなか抽選に当たらないという稀少価値もだんだん下がっていったに違いない。ひばりが丘団地の近隣でいえば、62年に東久留米団地が、さらに1968〜70年に滝山団地ができ、それらを抱える北多摩郡久留米町は1970年に日本一大きい「町」になり、同年10月、東久留米市になることができた。団地のおかげである。

本章の3で集中的に取り上げた**原武史**著**『レッドアローとスターハウス』**では、西武線沿線に団地が多いのは、住宅公団と西武鉄道の不作為の連携のようにとらえられていた。たしかに中央線や西武がライバル視?した東急沿線で、団地が急増したということはなかったかもしれない。しかし、団地建設の推進は国策だったと考えると、団地がどんどん地域

本共産党とその青年組織・民主青年同盟は、「赤旗まつり」で〃歌って踊って〃路線を貫いていた――こんなふうに日本共産党は批判されることもあった。しかし、そんな批判は〃代々木〃支持者にはまったく響かなかったのだろう、日本共産党は70年代の「個人主義」の時代に、勢力を拡大していった。

国策に違いない団地推進政策が、共産党を強くしたのは皮肉といえば皮肉だが、高度経済成長は1973年のオイルショックで、停滞を余儀なくされる。社会じたいも、第三次産業の人口が多数を占め、消費が社会を動かす消費資本主義に変質しようとしていた。

文化的領域も変化する。たとえばフォークソングの60年代から70年代への推移について、音楽評論家の**富澤一誠**は、岡林信康と吉田拓郎を対比させて次のように述べている。60年代を代表する岡林が「わたしたちの望むもの」と歌ったのに対し、70年代の吉田は「わたしは今日まで生きてきました」と歌い、多くの若者の心をつかんだ。これは「われわれ」の時代から「わたし」の時代への転換を意味している（『あの頃、この歌、甦る最強伝説』より）。

いろいろな領域で〃総動員〃の時代ではなくなったのだ。

▼そのとき滝山団地には「コミューン」が存在していた

にもかかわらず、世間の個人主義とは正反対、集団主義が席捲した空間があった。それは1974年、東久留米市滝山団地内の小学校のことだった。著者自身の体験によりその実態を批判的に検証したのが、『**滝山コミューン一九七四**』である（『レッドアローと…』と同著者、この本も本章3で紹介）。この「コミューン」とはどういうことかというと——、

《国家権力からの自立と、児童を主権者とする民主的な学園の確立を目指したその地域共同体を、いささかの思い入れをこめて「滝山コミューン」と呼ぶことにする。》（p19）

ということになる。

右に挙げられた地域共同体の理念に問題があるとは思えない。70年代だろうが、21世紀の今日だろうが、学校の中心は子どもであるべきだし、学校という職場は、政府の意向ばかり気にする管理職が支配する場ではなく、現場の教職員の意見を採り入れ、民主的に運営されてほしいと思う。

しかし立派な理念の追求は、往々にしてまったく逆の事態を招く。

団地の小学校に現出したのは、民主的どころか個人を抑圧する「集団主義」教育でしかなかった。「集団主義」は、集団の方針からの逸脱を許さない。方向性に反する者や行為は、

集団のみんなから指弾され、罰せられる。「問題のある児童に対する制裁措置」（p92）まであったという。これは、「連合赤軍」の暴力的な「総括*」を想起させた。

この運動を推進する教員やそれを支持する親たち、そして子どもたちも一体になり、「民主主義」という理念の実現を目指して揺るぎない、そういう時空があったということだ。これを「コミューン」と呼ぶかどうかは、「コミューン」のとらえ方によるだろう。

いずれにしても、集団や組織、あるいは共同体がひとつの理念を目指す場合、こういう事態はいつでも起こりうる。共同でおこなうことの内実は問われず、規範・規律だけが至上命題となる。その集団が奉ずる理念が「民主主義」だろうが、「世界同時革命」だろうが、「忠君愛国」だろうが、その構造は同じだと考える。

*1972年の「あさま山荘事件」で知られる新左翼の党派・連合赤軍が、警察から追いつめられた末、閉ざされた空間で組織員同士で激しい批判と査問をおこない、その制裁（リンチ）で、多くの死者を出した。

▼西武鉄道沿線だからそうなった？

『レッドアローと…』と『滝山…』の著者は、団地の「集団主義」を西武鉄道沿線文化とむすびつけようとしているが、それはどうだろう。

『滝山…』はかなり話題になったので、私は東北地方に住む同級生とこの本についてメールを交わしたことがあった。その同級生は当時も東北地方に住んでいたのだが、中3だった73年、ひとりの教師が赴任してきて、唐突に集団主義教育を始め、学校中がその人間に引っ掻き回されたことがあったと教えてくれた。

この集団主義教育は、「全生研」（全国生活指導研究協議会）の「学級集団づくり」に由来するものらしく、「全国」で流行したようだ。だから、これを団地文化にむすびつけるのは、無理筋である気がする。

ちなみに私は、1973年、滝山団地と同じ市の東久留米団地にある中学校に通学していた。そこは1学年9クラスのマンモス校で、「民主主義」ではなく「競争意識」をあおる陰気な学校だった。翌年、滝山に「コミューン」ができていたとは、想像もつかない。

▼鉄道沿線が政治意識を決定する？

ところで、『レッドアローと…』のユニークな考え方は、次の一文にあると思う。

《鉄道というインフラ（下部構造）が住民意識（上部構造）を規定していることを指摘できる。》（p392）

「下部構造」が「上部構造」を規定するという、まるで社会主義の教科書のようなテーゼである。「まえがき」と「あとがき」でも同趣旨のことが述べられているから、思いつきではないだろう。つまり、〇〇線沿線に住んでいることが、その政治意識までをも規定する、といっているのである。

この本によると、70年代くらいまでの路線別の政治意識は、中央線沿線は新左翼、全共闘系、西武沿線は団地中心で日本共産党系ということになる。東急沿線は持ち家中心の開発だったから、やがて新自由主義の支持母体となるものだった（p385）。

社会主義が崩壊した80年代末から90年代にかけて、団地は衰退し、西武もパッとしなくなった。一方、東急の田園都市線はドラマ「金曜日の妻たちへ」の土地となり、ちょっとハイソな街のイメージとして注目を集めた（「金属バット殺人事件」の舞台でもあるが）。

なんとも乱暴な色分けだが、『レッドアローと…』の著者は本気である。

《西武沿線に住んでいながら、新左翼や全共闘の活動を支持していた羽仁五郎は、いまや西武沿線よりむしろ中央線沿線に思想的共鳴盤を見いだしていた。》（p360）

比喩的に語っているのを、こちらの都合のいいように引いているわけではない。「住んでいながら」というのは文字通りの意味であり、西武沿線に新左翼シンパが住んでいるのは珍しいような語り口である。こうなると、鉄道に「規定」されるというより鉄道「決定」

論である。

さらに、西武と東急の住民意識の違いについては、こう述べられている。

《東急沿線に住んでいるのは、分譲住宅地にせよ団地にせよ、はじめから東急沿線に住みたかった人々が多く、東急と住民の間に親和性があるのに対して、西武沿線の団地に住んでいるのは、西武沿線に住みたかった人々では必ずしもなかったから、（住民と西武資本の…引用者注）対立関係が生まれやすかった。》（p353）

地価を見れば、どちらの路線が人気があるかは明白である。だから、こういう言い方になるのだろう。西武沿線は「でも・しか」住宅地なのだ。この著者は、自分が生まれ育った西武沿線や団地について、愛憎相半ばする、アンビヴァレント（両価的）な思いを抱いているに違いない。だから、こういう言い草はわからないではないが、それにしても随分な論理である。

自分の住まいを決めるのは、単純に好き嫌いだけではない。当然のことながら、さまざまな事情やしがらみが絡み合っている。それが、まったく考慮されていないことを申し上げたい。

昔とあまり変わらない現在の滝山団地

ひとりの住民意識、それも政治意識は、住んでいる沿線「文化」に影響を受けることはあるだろう。だが、それだけによって決定されるわけではない。その人の来歴、家族、人間関係、経済状態、その他もろもろによって重層的に形成されている。

「自分の考え」と思っていることも、じつは社会的な関係における「考え」と混じり合っているし、時代の変化も加味される。この意味で、意識は多様なものに規定されている。

「西武沿線は、〝でも・しか〟住宅地である」という規定性があったとしたら、そこから逸脱するところが必ずあるはずだ。私はそれを追っていきたいと思っている。

5「東久留米団地」はじまりの物語《ストーリー》

――団地は軍事施設跡に建てられた

「ひばりが丘団地」「滝山団地」と団地巡りのようになってきたが、続けて「東久留米団地」(現在「グリーンヒルズ東久留米」)も「訪ねる」ことにする。この団地周辺は、少し前に日帰り温泉施設ができたりして、かなり様相が変わったが、ここにも固有の歴史がある。この団地が誕生した時の模様を描いた小説を紹介することから始めたい。

▼「東久留米団地小説」を見つけるまで

それは、**干刈あがた**という小説家の「**月曜日の兄弟たち**」(1984年)という短編作品である。この小説を見つけたのは偶然だった。80年代なかば、吉本ばななや山田詠美らの女性作家が注目されていて、その流れに干刈もいた。彼女は1943年生まれの60年安保世代で、デビューしたばかりの吉本はもちろん、山田よりもかなり上の世代だが、離婚やシングルマザーを扱った私小説を書き、フェミニズム作家のさきがけという位置づけをされていた。

本作は、１９８４年に彼女の代表作で芥川賞候補にもなった『ウホッホ探検隊』とカップリングで刊行されている（福武書店刊で、本作はこれが初出）。じつは初出の単行本を読んでいたわけでなく、福武文庫『ゆっくり東京女子マラソン』（１９８６年）に収載されていたものを、言葉は悪いがついでに読んだのだった。

冒頭の引っ越しシーンを読んでいて、あれっと思った。

「まだ片側が造成工事中の新青梅街道」を引っ越しのライトバンが走っている。「田無市内の六角地蔵脇からさらに右の道」に入り、「二年前に完成したばかりの、ひばりが丘団地に沿った道」を通り、やがて前方に「丘の上に立つ、航空信号塔」の点滅する赤い灯を見る。

これは近い、と思った。続いてすぐあとに「クリスマスの十二月二十五日からのぞみが丘団地（東久留米団地のこと）の第一次入居が始まる」という記述がある。間違いなくこのへんのことを書いている。おまけに「東久留米団地」が舞台のようだ。

私事で恐縮だが、この団地にある中学校に筆者は3年間通った。こんな身近な場所が小説に登場することは記憶になかった。街で偶然古い知り合いに会ったような感じがした。

小説は、東久留米団地の入居が始まった1962年12月からの数カ月間を描いていく。団地というひとつの街がまさに生まれようとしていく過程がリアルだ。街の誕生に立ち会うことはめったにあることではない。ノンフィクションではないが、その記録として貴重な作品だと思う。

▼干刈あがた「月曜日の兄弟たち」

主人公の「私」は女性の大学生。兄が新しくできる「のぞみが丘団地」に寿司屋を開くため、応援に駆り出され、店の従業員とともに団地に住まうことになった。店には兄夫婦が住み、団地の2DKに住むのは、主人公と手紙魔の女性、映画好きの板前とまだ子どもっぽさが残る若い店員2人の合計5人。

ここに店の客となった団地住民である大学の先生や、入居は開始されたが、まだ工事中が残る団地の建設に携わるちょっと荒っぽい職人たち、団地にある中学の校舎を設計した建築士などが絡む。

慌ただしく街が始動する。ただでさえ忙しい引っ越し、開店に年末が重なる。主人公の身体とこころは、新しい空間と他人にだんだん馴染んでいく。

多くの知らない人同士が出会うから、当然摩擦が生じる。出前で届けた寿司桶に、赤ん坊の大便を入れて返してきた家があった。主人公の兄はその家に行くと、返された桶をナタで叩き割り、「この器を洗って別のところへ出前してるなんて思われたくないんでね」と言ったというエピソードが語られる。

本稿を書くために、この作品を20年以上ぶりに読み返したのだが、この話はなぜか覚えていた。いつの時代もこういうひどい輩がいると思ったからか、シモのハナシは記憶に残りやすいからかは、よくわからない。

そして、主人公がこのエピソードを語った相手は、「サルトルとボーボワール」のように暮らす大学の先生である。先生は「この団地に住むようになってから、今は歴史の大変化の時だと考えるようになりました。政治的な変化というようなものではなく、人間の変化です」といかにもな発言をする。大変化とは「水洗トイレ」のことなのだが、60年代団地の〝文明的〟側面を言い当てていると思う。隔世の感があるが。

また、田無にも映画館があるという話や、当時貴重品だったステレオやレコードをめぐる「いい話」もある。主人公が住む2DKに、同居する板前が高価なステレオを買ったので、それを初めて聴くための「ステレオ」の日が決められた。そして居住の5人とゲスト3人が集まり、あまり多くないレコードで、演歌からジャズまで脈絡のないジャンルの音楽を堪能する。なんともつましい話ではないか。

そして、ここに集まった人々はやがて散り散りになることが示唆され、これが作品のタイトルにもなる。

《「一九六三年三月第三月曜日に集った兄弟たちは散って行った。》（p192）

▼団地の外れの闇

筆者が個人的に驚いたことがあった。団地にある中学を設計した人物が出てくることだ。彼は、「翼を広げたような」校舎や、階段の仕切り壁にくりぬかれた「円や雲の形」の穴など、さまざまに凝らした意匠について語る。実際に校舎はまっすぐではなかったし、階段にそういう「穴」が開いていた気がする。「大鵬の池」というのがあったが、これは「翼を広げた鳳凰」の意味だと聞いた覚えがある。先の意匠と関係があるような、ないような。この作品にはかなりのホントが埋め込まれていると感じた。以下に、筆者の記憶を少し述べる。

この中学は団地の外れ、というより東京都の外れ、埼玉県との境に位置していた（現存

70年代の東久留米団地、右下に中学校、その左に小学校、その隣に管制アンテナも見える（筆者所有の東久留米市立東中学校　1974年卒業アルバムより）

する）。いま考えると、あわてて作られた感にあふれていた。校庭は隣接する小学校と共有。この小学校は少子化のため現在廃校となったが、小学校の校庭面積のほうが広かった。

体育館は筆者が入学した1971年1月にできたばかりで、玄関すらないという〝間に合わせ〟仕様。63年開校だから8年近く経ってやっとできたことになる。おまけに、体育館は狭い校庭にではなく、県境の道を挟んで隣接する埼玉県に建てられたから、雨の日は傘をさして体育館に行き、非常口から中に入った。玄関ができたのは4年後のようだ（東久留米市立東中学校のホームページを参照した。なんで4年もかかった？）。なんという計画性のなさ。なぜそんなことになったのか、仮説はあとで述べる。

作品に戻ると、団地への第一次入居は1962年12月で、その後も団地の工事は続き、工事と〝同居〟する様子が描かれている。団地から少し離れた林の中には複数の飯場があったようだ。団地と対照的な得体の知れない闇という描写がされている。当時、まだ市街地の外れに団地があり、さらにその周縁に怪しげな空間があるという構図は、強い印象を残す。

飯場の関係者は主人公が手伝う寿司屋に出入りしていた。そのなかの一人、先の「ステレオの日」にも参加していた塗装工が、痴情のもつれから殺されるという事件が起こる。この作品にとっては、「ステレオの日」とは比べものにならないほど大きな事件だと思うのだが、この話は展開していかない。あの日集まった「兄弟」たちが、一人ずつ「散って」いくことが述べられるだけだ。

勝手なことを言えば、この事件が、主人公と関係者を巻き込むような小説だったら、もっと面白いのにと思った。しかし、干刈あがたの作風ではないとは思う。

これが書かれた80年代半ばあたりは、エンターテインメント系と〝純文学〟は別ものと考えられていた時代だった。この小説はエンタメ系の展開ではなく、団地誕生から約20年後、この地で入院中の兄を主人公が訪ね、当時を回想するという構成をとっている。主人公は団地を離れて久しく、離婚の経験者だ。このあたりが干刈らしいのだが、なぜ「あの頃」

を回想しているのか、よく伝わってこない。単純に、書き足りていない印象を受けた。
さらに勝手を言えば、バージョンアップしてほしいと思うが、それはかなわない。作者が92年に病気で亡くなってしまったからだ。

時を経て、東久留米団地は「グリーンヒルズ東久留米」となり、ランドマークの赤い巨大なアンテナも消えた。干刈あがたという作家が、東久留米団地を舞台にした「月曜日の兄弟たち」という作品を書いたことも、忘れられようとしている。

▼団地は軍事施設に建てられた

東久留米団地は、旧日本海軍の軍事施設（大和田通信隊）の跡地に建てられている。東久留米の団地と軍事施設の親和性は高く、ひばりが丘団地の一部は中島飛行機の工場（中島航空金属田無製造所）だったし、滝山団地のすぐ近くには旧陸軍の「北多摩通信所」があった。

太平洋戦争の間、東久留米団地周辺は大和田通信隊の施設の領域に入っていて、多数のアンテナが存在していたようだ。この施設の用地は、もともと農地や雑木林だった。それが、海軍の通信基地となり⇓敗戦で国有地となる（農民に返還せず）⇓それが団地の用地となった。[*]

＊以上詳しくは第1章2で紹介した『東久留米の戦争遺跡』（東久留米市教育委員会）を参照のこと。

ここからは、先の中学の体育館が埼玉県にあることの仮説だ。

団地や隣接する小中校の敷地は、軍事施設だった領域をそのまま引き継いだ。学校については校舎や校庭を造ることを優先して、校庭の狭さなど考慮せず、スペースを割り当てた。体育館のスペースは払い下げされた国有地には入っておらず、あらためて買収しなければならなかった。よって、開校には間に合わず、8年近く経ってやっと増設した。

これも仮説だが、国策である団地建設推進のためには、校庭の大きさや体育館などどうでもよかったのだろう。なぜ体育館に玄関を設置するのに4年もかかったのかは、謎だ。

第3章

武蔵野と郊外を歩く意味

冬枯れの武蔵野

1 渋谷だって武蔵野である（あった）
――独歩を読む赤坂憲雄

国木田独歩の『**武蔵野**』は武蔵野を描いたもっとも有名な書物である、といって異論はでてこないだろう。あまりに典型なので、これまで触れてこなかったのだが、ここらで真打にご登場いただくことにする。

写真は、筆者が所有する1967年改訂版の新潮文庫『武蔵野』。晩秋の雑木林と農家。ここに描かれている風景は「これぞ武蔵野」といえるもので、このイメージは「武蔵野の面影を残した」というフレーズとともに、いまも紋切り型として生きている。

▼国木田独歩の「武蔵野」

『武蔵野』という単行本は、明治34（1901）年に刊行された国木田独歩（1871～1908）初の短編集。「武蔵野」と題されているが、この地をめぐる短編連作ではない。標題の「武蔵野」という作品は明治31年の発表で、初出は「今の武蔵野」と題されていた。

手持ちの文庫ではわずか26頁の短編。しかしながら、この作品を読んでいなくても、「独歩の武蔵野」はだれでもと言いたくなるほど知られている。

それは近代の日本文学を語るのに不可欠だから、とひとまずはいうことができる。実際、この短編集は試みに満ちていて、「武蔵野」のようなエッセイ風の作品、「忘れえぬ人々」のような〃オチ〃のある小説らしい小説、擬古文で書かれたもの、モーパッサンの翻訳まで収載されている。近代の文体を模索し、いわゆる言文一致の文体をつくりあげていくための作品集のようにも思える。

『武蔵野』書影
（新潮文庫版）

年譜を見ると『武蔵野』が刊行されたとき、独歩は31歳。それまで彼は10代で文章を発表し、キリスト教の洗礼を受け、新聞記者になったり、柳田国男や田山花袋たちと文芸活動をしたり、結婚したものの嫁さんに逃げられるなど、忙しい人生を送っていたようだが、この本は結果的にはひとつの達成となった。「武蔵野」と同年発表された「忘れ得ぬ人々」は、日本の文学史にとどまらない影響をもつ作品である。もっとも発表当時はさほど高い評価を受けなかったようで、独歩の文名があがったのは明治39（1906）年のこと。ところがその翌々年の明治41年に、独歩は病没している。36歳だった。

▼「武蔵野」を精読

短編「武蔵野」が小説かどうかを問うことに意味はないだろうが、あえていうと「風景」が主役となった小説といえるかもしれない。この（独歩の）「風景」というキーワードをめぐって、さまざまな考察がなされてきた。

最近でも新書をまるまる1冊つかって「武蔵野」を精読した本が出ている。「東北学」で知られる**赤坂憲雄**の**『武蔵野をよむ』**（2018、岩波新書）である。

《五感を研ぎ澄まして紡がれた自然描写がいい。冬枯れの武蔵野である。…日の光、雲の色、風の音。時雨が囁き、凩が叫ぶ。…》

《独歩は…ひたすら眼を凝らし、耳をそばだてた。瞑想をうちに宿した歩行と思索、すなわち散策は、いかにも近代に固有の旅のスタイルではなかったか。独歩その人がまさに、それを発見したのである。》（どちらも「はじめに」より）

短編「武蔵野」は1冊を費やすだけの作品である理由が、ここに述べられている。たかが近場の「散策」とあなどってはいけない。そこには「風景」の意味、個人の「内面」やら「近代」のあり方など、奥深いモンダイが秘められている。それを「発見」したのは独歩であり、その独歩をさまざまな論者がさらに「発見」することになる。

われわれは、それらを起点にして、近隣を散歩する意味や愉しみを広げることができる。

この『武蔵野をよむ』の冒頭に、『武蔵野』が出された明治34年の地図が掲載されている。

これは非常に興味深い地図だ。気づいたことを挙げてみよう。

①西に延びる鉄道は、中央線と現在は西武鉄道の国分寺線＋（川越に至る）新宿線になっている鉄道だけ（第１章２参照）。山手線はまだ「円」になっていない。「高輪ゲートウェイ」駅ができたときに遺跡が出て話題になったが、新橋から品川までは海の上を線路が走っている。

②青梅街道上の「田無」は目立つ位置にあり、ちょうどその「下」には「武蔵野」にも登場する「境」（武蔵境）駅がある。

③渋谷は、市街地から微妙にズレているようにみえる。

①②について触れていくと先に進めないので、ここでは③について述べる。

▼「武蔵野」だった渋谷

独歩は「(注:明治)二十九年の秋の初から春の初まで、渋谷村の茅置(注:ぼうおく、かやぶきの粗末な家)に住」み、当時の日記をもとに「武蔵野」を書き、明治31年に発表している。その家は現在のNHK近く(碑があるようだ)で、周辺には林があり、独歩はそこを散策し思索を深めていったのだろう。つまり、当時渋谷は「武蔵野」だったのである。だから市街地から外れていて当然なのだ。

それでは、渋谷はいつまで「武蔵野」だったのか。少なくとも大正期はそうだったのではないか、と想像できる。というのも、当時の渋谷に住んでいた**大岡昇平**が、自伝である**『幼年』『少年』**で、のどかな渋谷の様子を地図付きで詳しく書いているからだ。

その図が『武蔵野をよむ』に引用されている。*これは、大正7(1918)年頃(大岡は10歳)、大岡家が渋谷駅の東側の家から、宇田川町あたりにあった「大向橋の家」に引っ越した頃の略図で、ここには「国木田独歩の家」が記載されている。

独歩の家は「衛戍監獄」の隣にある。この監獄は後の「陸軍刑務所」で、二・二六事件の首謀者たちはここで処刑されている。その北には雑木林や「代々木練兵場」があり、「武蔵野」に「遠く響く砲声。隣の林でだしぬけに起る銃音（つつおと）」とあるのは、これゆえだろう。

＊『武蔵野をよむ』は『幼年』からの引用としているが、引用元は『少年』の間違いだろう。『幼年』には、渋谷川に近い、つまり渋谷駅の東側にあった大岡家周辺の地図が載っている。

▼武蔵野の領分

渋谷が「武蔵野」だったら、ではどこからどこまでが「武蔵野」なのか、という議論が当然出てくる。独歩は作品中「七」で「朋友」を登場させ、「僕（友人）＊は自分で限界を定めた一種の武蔵野を有している」と書き、具体的に「武蔵野の領分」を挙げている。

まず、「東京」が除外される。この「東京」の意味ははっきりしない。とりあえず「都会」としておこう。しかし「町外れ」はまさしく「武蔵野」であるとして「渋谷の道玄坂」、「目黒の行人坂」、「早稲田の鬼子母神」、「新宿、白金」……が挙がっている。

そして範囲の確定。「雑司ヶ谷」を起点に北上、「板橋」から西に「川越」まで、そこから南下して「武蔵野」の冒頭に登場する「入間郡」の「小手指」「久米川」を経て「立川」。

この間の「所沢」「田無」は特に緑深い夏は「趣味が多い」とのこと。立川からは多摩川を限界として「上丸」まで下り「下目黒」に戻る。この間「八王子」は除外されているが、「布田」「登戸」「二子」も詩趣深いとされている。

東側も、「亀井戸」あたりが挙がっているが、「友人」も独歩も異論があれば外してもいい旨書いているので、深入りしない。

＊『武蔵野をよむ』によれば、これは今井忠治という同郷の友人のことで、文体からして実際にそういう手紙があったのでは、と想像している（p154）。

▼ステレオタイプなイメージ

独歩は「武蔵野」の領域を定義づけようとしているように見える。しかしそれは、あまり意味をもたなくなったともいえる。というのも、東京という都市は発達していき、そこに属する街々の機能も、イメージも変わっていったからだ。また、「武蔵野」のイメージは特定の場所を離れ、独り歩きしていったということもある。

柳田国男は、大正8（1919）年の随筆「武蔵野の昔」の冒頭で、「近年の所謂武蔵野趣味は、…国木田独歩君を以て元祖と為すべきものである」と述べている。「武蔵野」は国木田独歩によって「発見」された。この発見された「武蔵野」は、地域の名前としてのそれではなく、「風景」としての「武蔵野」であり、「武蔵野」というコンセプトであるといえよう。「武蔵野趣味」はまさにこのコンセプトだ。

このように大正期には、独歩以後の「武蔵野」イメージが流通していたことになる。しかし、「武蔵野趣味」のようなイメージが成り立ち、それが自明なものになると、それがどういう由来で成り立ったのかは隠れてしまう。

柳田国男は、「彼（独歩）はやはり享保元文の江戸人の、武蔵野観の伝統を帯びたものであった」（前掲書）と指摘しているが、そういった議論は見えなくなり、人びとが簡単に想起できるステレオタイプなイメージが広まっていった。たとえば、それは、冒頭に挙げた「いわゆる武蔵野」の絵のイメージということになる。

その一方、「渋谷」の例を挙げるまでもなく、明治期から現在まで現実の「武蔵野」は大きく変貌を遂げていった。しかし「武蔵野」というイメージは変わらず続いていると思う。

▼ただの人の「小さな物語」

当然ながら、武蔵野がイメージとして流通することなど考えていなかった独歩は、「武蔵野」の最後の節「九」で、先に挙げたような場所がなぜ「頗る自分の詩興を喚び起す」のか、述べている。
《町外れの光景は何となく人をして社会というものの縮図でも見るような思をなさしむるからであろう。》（p28）
これに続けて、そこには「小さな物語」が、「哀れの深い」あるいは「抱腹するような物語」が「軒下に隠れていそうに思われる」と書く。そして「小さな物語」に登場する者の例まで挙げている。「片目の犬」「小さな料理屋」「鍛冶工」「野菜市」「床屋」「酒屋」「納豆売」……。
独歩は、なんでもない雑木林に詩興を見出したのと同じように、市井の「ただの人」に詩興を「発見」した。短編「忘れえぬ人々」は、親子、教師先輩、友人といった「忘れて叶うまじき人」ではなく、「赤の他人」なのになぜか「忘れえぬ人」をめぐる物語である。なんでもない風景、ただの人が主役のリアリズム。２つの短編は、このへんでつながっている。

2「武蔵野」をめぐる思想のドラマ
――柄谷行人、加藤典洋

続けて、国木田独歩の「武蔵野の発見」に関する議論をみていきたい。そうすることによって、近隣の見え方が変わってくるのではないか、そのヒントがあるのでないか、という期待をこめて考えたいと思う。今回、ちょっと理屈っぽいです。

▼柄谷行人のインパクト

独歩の発見に重大な意味を「発見」したのは**柄谷行人**である。ポイントになる書物は1980年刊**『日本近代文学の起源』**（講談社、独歩に関しての雑誌発表は78年、岩波現代文庫版は「定本」となっている）。「文学」というより日本の「近代」そのものの成り立ちを、切れ味鋭い論理で明らかにした1冊で、40年以上経ってもその論理構造はいまだに影響を持ち続けている。

この本については、考えれば考えるほど「考えもれ」が出てくる感じがあるのだが、単純化のそしりをおそれず、独歩に関するところをまとめてみよう。

国木田独歩は「武蔵野」を「風景」として発見した。——この一文のなかに、いろいろなモンダイが潜んでいる。

①それは見ている人の「内面」があって初めて成り立つような「風景」である。

②風景は、外的に存在する客観物のようにみえるが、そもそもそういう見え方は、主観（主体）・客観（客体）という認識論的な場があってはじめて成立する。

③客観物（オブジェクト）だけでなく、主観あるいは自己（セルフ）も、「風景」が成立させている。

④つまり「風景」の発見は、「近代」の成立と同じ意味をもっている。

⑤ここには、ものの見方の大きな転倒、価値の転倒がある。認識の布置が変わった。

⑥この転倒によって、どこにでもある平凡な風景やなんでもない人びとが、文学や絵画として表現されることになった。

⑦「風景」がいったん成立してしまうと、その起源は忘れ去られる。同様に、いったん「近代」が成り立ち、それが自明で普遍的なもののようになってしまうと、その起源にあった「転倒」は隠されてしまう。

　このように柄谷は、独歩の「風景」を起点に「内面」の構造をはじめとした「近代的なるもの」を次々に取り上げ、「転倒とその隠蔽」の構造を明らかにしていく。「リアリズム」、「遠近法」、「告白」、憲法や議会といった「制度」など……、それぞれについてめくるめくような論理が展開されている。

　この論理構造は魅力的だ。じつをいうと、本章1で「武蔵野イメージ」の独り歩きを指摘したが、ここに⑦の起源の忘却の論理を使ってみた。

　応用もできる。たとえば法律。

　法律は人間の生活を守るためにあるはずなのに、その起源は忘れられている。だから、法律を守ることが至上命題と化す、というような本末転倒がしばしば起こる。ためにするような交通違反の摘発から、軽微な違反を口実とした政治弾圧まで、こういう事態は根源から批判されなくてはいけない。

▼切断か／継承か

　筆がすべった。応用問題はともかく、独歩は日本文学にとってどこが画期的なのか、柄谷を参照しながらまとめてみる。

二葉亭四迷が言文一致の文体を切り拓こうとしながら、江戸文学の引力に抗しきれなかったのに対して、独歩は、四迷のツルゲーネフの翻訳を利用しながら「武蔵野の風景」を自在に描いた。明治二十年代末に「言文一致」が確立され、もはや「言文一致」を意識する必要がないほどにそれが定着したことで、その表現は可能になった。そして繰り返しになるが、独歩は「表現」しうる「内面」をもったということでもある。「日本近代文学は、国木田独歩においてはじめて書くことの自在さを獲得したといえる」（p79）。

独歩が発見した「風景」は、たとえば芭蕉の文学概念を「描写」したような「風景」とも、俗っぽい観光名所のような景観ともまったく違っていた。「風景としての風景」という側面をもち、「名所」と「風景」を別ものとするようなそれとは異質な「風景」である。「武蔵野」の特徴は、そうした切断にある。柄谷はこの切断を強調している。

これに疑問を呈しているのが、本章1でも挙げた**赤坂憲雄**の**『武蔵野をよむ』**である。「独歩について、柄谷行人のように、近世的なるものへの切断の相においてのみ語ることには、同意しがたい」（p147）とし、独歩の発見した「雑木林の美」は「名所旧跡ではなかったが、歌枕の伝統から切断」されているのではなく、「それは近代が分泌した、あらたな歌枕であったのかもしれない」とする。

《「風景の発見」は、…雑木林という歌枕に仲立ちされて、もうひとつの「歴史の発見」へと開かれてゆく。独歩のあたらしさは、そのようなひき裂かれた切断／継承のなかにおいてこそ、繊細に掘り起こされなければならない。》（p150）

独歩が発見したのは「内面」だけでなく、新しい「歌枕」的景観であり、この叙情は近世以前とつながっているという見解だ。これは**柳田国男**の〃独歩は江戸趣味〃という考えとも重なる（本章１参照）。「歴史の発見」というのは、「江戸」と「武蔵野」をつなぐ農業的なむすびつきや柳田国男が発見した「常民」（独歩の「忘れえぬ人々」）のあり方を検証していくことを意味しているようだ。

切断か継承かという議論はおくとして、独歩が発見したのは「あたらしい歌枕」だという考えは興味深い。西洋的で近代的な「風景」といっても、どこか日本的な情緒と通底しているところもある、ということか。「新しい」とか、あらたな「発見」だ、といわれているものが、じつは前からあったものと同じ構造だったという指摘は、どこか〃柄谷行人的〃だと思うのだが、いかがだろう。

▼第三の視線

独歩の発見した「風景」に関する議論を、もうひとつ紹介したい。**加藤典洋**の「武蔵野の消滅」という文章で（89年、**『日本風景論』**90年、講談社所収、講談社文芸文庫）、柄谷の議論をふまえながら、別の角度からこれを論ずる。

柄谷の議論は、「風景」の発見と軌を一にする「内面」の発見に比重があり、この「風景」について見ていないところがあるのではないか、と問題を提起する。そして「武蔵野」のなかで有名なエピソードが引かれる。ここでは独歩の原文を引用しよう。

（注：友人と境［武蔵境］近くの桜橋に、ある夏、散策にでかけたときのこと、その橋の近くに茶屋があり）《この茶屋の婆さんが自分に向て「今時分、何にしに来ただア」と問うた事があった。／自分は友と顔を見合わせて笑て、「散歩に来たのよ、ただ遊びに来たのだ」と答えると、婆さんも笑て、それも馬鹿にした様な笑いかたで、「桜は春咲くこと知ねえだね」と言った。》六

桜橋は玉川上水沿いにあり、明治期は、その名の通り桜の名所だったのだろう。通常ここにやってくるのは桜を見るのが目的の観光客で、「探勝的景観」を求めている。この観光客の視線を「視線①」とする。婆さんのような地元民が生活の場を眺める視線を「視線②」

とする。婆さんは「視線①」は理解する。しかし、桜のない季節外れにこの地にわざわざ「散歩」しに来た独歩たちを婆さんは理解できない。いま・ここには視線①に対応するものがないと感じているからだ。

一方独歩は、婆さんが馬鹿にした「ただの風景」に「武蔵野」の美を発見した。この3つ目の視線③こそ、独歩が発見した独自なものだと加藤は指摘する。

柄谷が西洋の「文学」に影響を受けて発見した「風景」を解明したのに対し、加藤は「それまでの文化コードとしての景観意識からの離脱」を意味する「ただの風景」について述べようとしている。西洋風に成り立つ「風景」でもなく、観光地的な「景観」でもない、日常の中に見出された「風景」が、問題にされている。

日常的でなんでもない風景が、ちょっとした知識を得たり視線を変えることによってまったく違ったものにみえる。この論理は、じつをいうと、この本でやりたいと思っていることに重なる。その意味でも興味深い。

ちなみに、先の赤坂憲雄もこの「婆さん」エピソードにふれている。このとき独歩と同行した「友人」はじつは恋人時代の元妻であり、その「恋愛」を独歩は隠蔽しているとしている。赤坂は加藤典洋の議論についてまったくふれていない。文脈が違うからなのだろうか。

ともあれ、もう少し「武蔵野」のあり方についての議論をみておきたい。

▼武蔵野の〝西進〟

柄谷行人を無視した本もある。**川本三郎**の『**郊外の文学誌**』（2003年、新潮社、岩波現代文庫2012年）だ。これは、東京の郊外を舞台にした明治以降の文学作品を網羅的に解説した事典のように活用できる本だ。「武蔵野」や「郊外」の歴史的な推移を追うことができ、索引もついていて便利だ。

川本は、「**永井荷風**が『**日和下駄**』によって、それまでほとんど語られることのなかった路地や横丁に注目したように、独歩は雑木林という日常的な景観のなかに『樹木美』を見出し」、「武蔵野趣味」を作ったと述べている（文庫p52）。荷風の研究者としても知られる川本らしい説明だ。柄谷の考えにも重なると思うが、柄谷の「か」の字も出てこない。これはなぜだかわからないが、こういう「発見」は書物散歩の淫靡な愉しみである。性格が悪い？

ともあれ、この本は「西進する武蔵野」というべき事態について述べている。本当は、西進するのは「東京」で、「武蔵野」や「郊外」は追い立てられるように動くのだが、「武蔵野」を主体にするとこうなる。

同書の多くのところで「郊外」は「武蔵野」と読み換え可能だ。この差異は、じつは大きいのだが、ひとまずは考えないことにする。

独歩が住んだ渋谷が「武蔵野」だったことは前に述べた。同じように**田山花袋**が暮らした代々木も、**夏目漱石**の『**三四郎**』（明治41〔１９０８〕年）に登場する「野々宮」が住む大久保あたりも「郊外＝武蔵野」だった。

ただ漱石は、独歩のように「風景」を見出したりはしなかった。市中生まれの漱石にとって「郊外」は「遠くて、物騒で、不気味なところ」であり、そんなところに住むのは「都落ち」だと感じられただろうと川本は想像している。（ｐ59）

それでも東京はどんどん変わっていく。市中にガスが普及するのは明治40年代だったようで、このことにより「市中」と「郊外＝武蔵野」の関係が変わっていった。江戸期から「郊外」から燃料用の薪や野菜を「市中」に届け、肥料用の糞尿を受け取って帰るというリサイクルが成り立っていた。ところが、ガスによって薪の需要が減るわけだから、薪を供

給する雑木林をそのままにしておくことはできない。雑木林を畑にする動きが強まっていった。（p85）

このころ、いまは「郊外＝武蔵野」とはいわれない世田谷に青山から移り住んだ作家がいる。「蘆花公園」にその名が残る**徳富蘆花**である。「田園生活」を求めての移住だったようで、「儂の村住居も、満六年になつた」で始まる『**みみずのたはこと**』（大正2［1913］年、「青空文庫」で参照できる）では、その暮らしが描かれている。「糞尿譚」はここにも登場する。

昭和初期の荻窪を描いた**井伏鱒二**の『**荻窪風土記**』（新潮文庫）にもこれは出てくる。

時代が下るが、戦争中、武蔵野鉄道（現在の西武池袋線）が糞尿を運び「オワイ電車」などと呼ばれていたことは有名だ。都市と郊外＝武蔵野をめぐる糞尿譚は、切っても切れない〝臭い〟関係にあったということである。このことは忘れられている。しかし、生活から糞尿を切り離すことはできない。災害が起こると糞尿が噴出する。

▼関東大震災と昭和7年、「大東京市」35区

こうした〝西進〟の背景には、20世紀になってからの急激な都市化の進展（東京都公文書館）がある。また川本は、日露戦争（明治37［1904］年～明治38年）に勝った時代的な空気を指摘

しているが（p90）、やはり決定的なのは大正12（1923）年の関東大震災だろう。復興の過程で、繁華街の中心は西へ移動し、住宅地も広がっていった。

そして昭和7（1932）年の市区改正が大きなポイントとなる。いわゆる「大東京市」35区が誕生し、世田谷区、杉並区、江戸川区、葛飾区、板橋区などはこのとき生まれている。そして「市中」と「郊外」の境界は西に移動した。独歩が「武蔵野」として名前を挙げていた上記の土地は、こうして「市中」に組み込まれたといっていいだろう。

そして川本は、「かつて郊外と呼ばれていた周縁地区が東京の市中に組み込まれ、都市化…によって、姿を消し」（p223）、「田園」は失われてしまったと書く。

《田園と郊外とはどこが違うか。…あえていえば、まだ自然要素が強い、初期の時代が田園であり、それが次第に宅地化され、開発されてゆくと郊外と呼ばれるようになる。》（p222）

この時点で「郊外」と「武蔵野」はイコールで結べなくなった。むしろこの文脈では「武蔵野」は「田園」と重なっている。「田園」としての「武蔵野」は消えつつあり、イメージとしての「武蔵野」は独り歩きを始めたといえないだろうか。

では、「郊外」はどうなっているのか？

川本は別のところで「郊外」の成立を大正の終わりごろとし、「それはちょうど、関東大震災後の東京の西への発展、中産階級（小市民）の成立と重なり合っている。主婦が明るい台所に立つ。それが『郊外』の重要なイメージである」（p173）と述べている。

現在からみると、成立当時の「郊外」は、ずいぶんと〝のどか〟だなあと感じてしまう。当然「郊外」も変貌してきた。独歩の見た「武蔵野」という「田園」は消え、現在の「武蔵野」は住宅地とわずかに残った農地と公園化された雑木林の間でイメージとしてのみ成り立っているのではないか。

これと同じように初期の明るくのどかな「郊外」は、どこにも見出しにくくなっている。

このへんの事情をさらに考えてみたい。

３　歩けるまちの可能性――川本三郎のアイデアから

▼東京のまちの３分類

これまで、独歩の「武蔵野」をめぐり、**柄谷行人**の「内面」等の近代化をめぐる議論、**赤坂憲雄**の江戸期からの継承という視点、**加藤典洋**の「なんでもない」風景に意味を見出す論理、**川本三郎**の「西進する郊外」などについて紹介した。そして川本の議論から「郊外」は、ずいぶんと明るくのどかなイメージだったことを知った。

しかし、「郊外」は現在、そんなにのどかではないことは、そこに暮らすわれわれは実感的にわかっているし、第２章でも述べてきた。この落差をどう考えたらいいだろうか。川本三郎の本からアイデアを拝借する。

東京の町には「下町／山の手」というよく知られた分類がある。これに対し、川本は東京の町を３つに分類する（前出『**郊外の文学誌**』p２１０～２１１を要約）。

①鉄道も車もなく歩くという時代に作られた町……下町と山の手をあわせた旧市内
②電車の発達とともに作られた町……中央線沿線、西に延びる私鉄沿線に沿った町、大正末から昭和にかけて発達
③自動車の普及とともに作られてきた現代の町……「多摩ニュータウン」に代表される周縁の町

この分類はとてもわかりやすい。でも、単純すぎないだろうか。川本自身も、中央線沿線には下町と山の手の特徴を併せ持つ町があると指摘するように、それぞれの要素が入り混じっているのが、現在の東京の特徴だと思う。

そこで右を、**【①「歩く」まち】**、**【②「鉄道沿線」のまち】**、**【③ニュータウン】**と変形して、そのうえで、具体的なまちを考えてみる。

たとえば、わが西武池袋線の「ひばりが丘」は、もちろん典型的な②なのだが、①の「歩く」という要素からみると、そういうところはなくはないし、③についても「イオンモール」あたりにそのミニチュア版をみることができる。

つまり、まちの簡単な色分けは便宜的なものにすぎないということだ。どのまちにも3

つの要素は入り混じっている。

▼「歩く」という発想

東京を「活性化」させる、あるいは「再生」というべきか、そういう議論は昔もいまも盛んだ。90年代初頭にバブルが弾けてから一向に浮上しない日本経済、起死回生となるはずだった「2020東京五輪」はコロナ禍で期待外れ、おまけにロシアのウクライナ侵攻、イスラエルのガザでの暴虐、とどまらない円安という出口がみえない現状では、やはり「再生」論は必要だろう。

デカいビルを建てるために、都心にある樹齢100年クラスの街路樹を大量にぶった切るというのも都市「再生」論なのだろうが、そういうのはそろそろやめようよ、という発想があることは確かだ。第4章2で少しふれる**吉見俊哉**の『**東京裏返し　社会学的街歩きガイド**』（2020年、集英社新書）は、歩く速度による都市の見直しを提唱している。首都高速の廃止や路面電車復活の提案は、先の**【分類①】**「歩く」感覚を都市に取り戻すことによってまちの再生を図ろうというものだろう。「地形」「川」への着目もこの流れだ。なにしろ歩かなければ、まちの凹凸や水は（再）発見できない。これまで周縁に追いやられていたものが、「裏返され」表面に出てくるというのは、まちの活性化のひとつに違いない。「散歩」には実質的な効用がある？

▼【分類②】

鉄道網によるまちの形成は、それ以前に「歩き」中心のまちがあったことを忘れさせてしまう。**陣内秀信と三浦展**の編著『**中央線がなかったら　見えてくる東京の古層**』（２０１２年、ＮＴＴ出版。２０２２年、ちくま文庫）は、歩くことによって、「中央線」よりもっと「古層」にある「まち」を掘り起こそうという試みだ。つまり、②（鉄道沿線のまち）のなかに①（歩くまち）の魅力を見出すものである。

陣内は80年代から東京の「水」に注目してきた歴史家、三浦は『ファスト風土化する日本　郊外化とその病理』など多数の東京論・郊外論をものする都市の評論家。『中央線が…』は二人の対談と、それぞれのフィールドワークによって構成されている。

たとえば阿佐ヶ谷。前出の川本三郎がここに「文士村」*を見出すのに対し、陣内は江戸期の古道を「発見」している。なんでもない細い小路が、じつは歴史を重ねた寺社への参道だったことがわかったりすると、その光景が立体的に見えてきたりする。これも、まちの魅力の発見といえないだろうか。

＊東京の「文士村」については、**近藤富枝**の**『本郷菊富士ホテル』**、**『田端文士村』**、**『馬込文学地図』**などがよく知られている。

こうした発見がまちの「活性化」とつながるかは、「活性化」の定義にもよるが、実利的効果はわからない。しかし、見慣れたまちが違ってみえてくるということは、新しい建物を造らなくても〝風景の模様替え〟ができるわけで、活性策のひとつになると思うが、いかがだろうか。

▼【分類③】については？

80年代、のどかでホンワカとした家族が暮らす「郊外」というイメージは絵空事になっていく。ロードサイドビジネスが興隆していき、全国どこも同じ、ある種殺伐とした風景が増えていった。80年、田園都市線沿線の高級住宅地で起こった浪人中の息子が両親を「金属バット」で殺してしまった事件が象徴するように、家族も軋み始める。

こうした危うい家族関係を、**山田太一**はテレビドラマ**『岸辺のアルバム』**（77年）で描いた。洪水で多摩川に流されていく住宅というドラマに引用されたニュース映像は有名だ。写真家の**藤原新也**は『**東京漂流**』(1983年、情報センター出版局)で、「金属バット殺人事件」のあった家の跡を撮り、無惨な「風景」を際立たせた。こうした環境を川本三郎は「冷えた郊外」=「サバービア」と呼んでいる(『郊外の文学誌』p348)。「冷えた郊外」という言葉は広まらなかったが、言いたいことはわかる。この感覚は現在と地続きだ。

川本はこういう言い方もしている。

《郊外の「発展」と「崩壊」は、同じことの裏と表であり、郊外とは発展していけばいくほど崩壊してゆくはかない存在である。》(p224)

そして1990年代以降、新自由主義とセットになった「規制緩和」によってこの傾向はさらに顕著になる。「郊外」のイメージは、**【分類③】**の「ニュータウン」になったといっていいだろう。この「ニュータウン」は多摩ニュータウンのような巨大な団地だけでなく、田園都市線沿線など、東京の南部に広がる住宅地、80年代に流行した言葉をつかえば「金妻のまち」のイメージも含んでいる。

こうして、それまでの駅周辺にある商店街・住宅地はオールドタウンとなって、さびれていった。郊外の巨大なショッピングモールと「シャッター通り商店街」は、いまなお日本全国に広がり続けている。これが三浦展のいう「ファスト風土化する」ということなのだろう（本書の第２章も参照していただきたい）。

では、このままでいいのか、ということになる。ひとまずの案として、前出『中央線…』の陣内秀信の言葉を引いて、ここは終えることにしたい。これも**【分類①】**「歩く」という発想によって、まちを「再生」させようという考え方と読める。

《農地などの風景は、コモンズ、つまりみんなが共有している財産であっていう、そういう考え方も出てきています。グローバリゼーション、新自由主義で…超高層ビルやタワーマンションばっかりできて、地域が破壊されていく、歴史もなくなる、風景も変わる…それは、やはりおかしいですよね。もう少し、みんなが共通の価値観を持って、いい空間を共有していく、交流する、何か新しいものを生むという場ができればと思います。緑地や水辺も重要なコモンズです》（p219）

4 東京を輪切りにしてみた1
——環状線と府中街道＝鎌倉街道

東京には環状になった交通路がたくさんある。たとえば環状8号線。しばしば渋滞している印象があり、あまりいいイメージはないが、これはどこまで続いているのか？と考えてみると、ちょっと謎めいてこないだろうか。都心から武蔵野地域にかけて南北に縦断する交通路について考えてみたい。

▼東京の環状道路

同じような趣味（？）をもつ人がいるらしく、雑誌『東京人』の特集は「東京の環状道路」（2022年2月号）だった。

そこで取り上げられているのは環状1号線から同8号線。環状1号線とはどの道を指すのか、ご存じだろうか。「環7《カンナナ》」「環8《カンパチ》」があるのだから、「カンイチ」もあるのだろうが、それは知らなかった、というより、考えたことがなかった。

なんのことはない環状1号線は「内堀通り」などで、同2号線は「外堀通り」などである。言われてみると、これは納得しやすい。

それに比べ、環状3号線、4号線が、それぞれ「外苑東通り」と「外苑西通り」などというのは意外というか、この「通り」の名自体、それほど知られていないのではないか。いま再開発による環境破壊で揺れる神宮外苑の東側（信濃町駅あたり）と西側（千駄ケ谷駅あたり）を平行して南北に走っている。「環状」というほど「環」ではないが、そうする計画だったようだ。

関東大震災からの復興のため、環状6号線～8号線は、1927（昭和2）年に東京市の特別都市計画委員会によって計画された道路だった。このとき環状1号線～5号線も計画されたというより命名されたようだ。1～5号線の実態は「既存の道路をいわば無理やりつなぎ合わせ」たものだったという（内田宗治「都心の環状ネットワークの成り立ち」、前掲の『東京人』）。

▼曙橋は後から架けられた

「外苑東通り」についてうんちくを少し。この通りを信濃町から北上すると曙橋に出る。曙橋は谷間のような靖国通りを跨ぐなんでもない陸橋なのだが、「跨ぐ」にはかなりの時間を要した。架橋計画は、前述の環状道路計画と連動していて戦前からあったが、戦争のために頓挫し、開通したのは戦後の１９５７年のことだった。ということは、曙橋のところで道路は北と南に分断されていたということだ。

この陸橋周辺は、東京特有の凸凹地形が感じられる構造をしている。四谷三丁目の交差点から外苑東通りを北へ、花街である荒木町の横を通って坂になっている車道を下っていくと「曙橋」である。橋の向こうの右手には陸軍士官学校（現在防衛省）があったわけだが、この道が曙橋のところで途切れているとなると、ほとんど役立たたずの道路だったろうと想像できる。

ということを、**野坂昭如**が『**東京十二契**』（１９８２年、文藝春秋）という東京をめぐるエッセイ集で書いていた。

《塩町の交叉点を渡って右へ折れれば（注：四谷駅から新宿通りを四谷3丁目の交差点を右折ということ）、消防署の隣が四谷ライオン座、「細雪」「夜の緋牡丹」「夜のヒロイン」などを観た、まことに便所臭い小屋で、だが常に満員だった。その先きは、市ヶ谷と新宿を結ぶいわばバイパス下を通っていて（注：靖国通りのこと）、道は行き止まり。向うの崖っぷちとの間に橋（注：曙橋）を架ける計画があったが、戦争で施工されぬまま、バイパス

へ降りるには手前の坂を下る、左側に、藤間勘素蛾の稽古場があった。》（「質屋米屋風呂屋四谷」p190）

▼「牛込柳町」を有名にしたのは……

外苑東通りをさらに北に行くと、大久保通りとの交差点「牛込柳町」に出る。この地は、現在都営地下鉄大江戸線の駅にもなっているが、70年代、あまりありがたくないことで有名になった。東京ではモータリゼーションが進み、いたるところで交通渋滞が発生していた（現在もそうだが）。牛込柳町でも渋滞が頻繁に発生、交通量に比べて道が狭く、窪地にあるため自動車排気ガスがたまりやすく、汚染の深刻化が指摘された。１９７０年に民間の調査で付近に住む住民の血中から高濃度の鉛が検出され、「柳町鉛害事件」といわれた。また付近の住人からは呼吸器系疾病が見られ、「柳町ぜんそく」とも呼ばれるなど、この公害報道によって、牛込柳町の名は全国区になったと記憶している。*

「住民の血中から」というと、昨今のＰＦＡＳ問題を彷彿される。公害被害については公の調査は不可欠である。牛込柳町の汚染について、その後の都による調査では、当初報道された水準の汚染は確認されなかったようだ。しかし、大気汚染と血中鉛濃度の関連は指摘されており、この事件は日本における有鉛ガソリンに対する規制強化のきっかけとなった。

＊朝日新聞　１９７０年5月22日など

▼痕跡と伝説

牛込柳町から外苑東通りを北に少し行くと、早稲田の鶴巻町でこの通りは一応「終点」である。ただし、環状３号線ということになると、「ここもそうなのか」という部分や構想の痕跡が存在する。「無理やりつなぎ合わせて」環状と呼ぼうとしたのだから仕方ないが、たとえば言問通りや三ツ目通りも環状３号線の一部なんだそうである。

痕跡のほうはちょっと面白い。東京メトロ丸ノ内線の茗荷谷駅近くに妙に広い坂道がある。桜の名所としても有名な「播磨坂」なのだが、これが掌編小説の舞台になっている。**『坂の記憶』**（**岡康道、麻生哲朗**著、スペースシャワーネットワーク、２０１３年）という東京の坂道を舞台にした小説集なのだが、冒頭の神楽坂の次にこの播磨坂が出てくる（次は狸穴坂で、都心の30の坂道が舞台、特別編で国立のたまらん坂も）。そのなかでこの道の紹介がいい感じなので引用する。

《この坂道は本来なら外苑東通りにつながる計画だったらしい。なぜか開通に至らず、結局は局地的に整備されてしまっただけという、もはや行き場のない坂道なのだそうだ。／ただその見切り発車がある種の奇跡を作ったというか、十数年前に道の真ん中が遊歩道に姿を変え、それはかつてから車道沿いに植えられていた桜の木々にとっては、恰好の観客席を作られた形になり、ここは今では都内でも随一の桜の名所と呼ばれている。》（p11）

先を急ぐと環状5号線と6号線は、明治通りと山手通りなので、これはわかりやすい。渋谷から池袋あたりまでは、山手線を内側と外側からはさんでぐるっと回っている感じになる。

そして環状7号線は、大田区の平和島から江戸川区まで文字通りの環状なのに対し、環状8号線は大田区羽田空港から北区赤羽までで、環になっていない。

ところで「環8雲」という言葉をご存じだろうか。環8の渋滞が激しく、その排ガスによって道路に沿うようにして雲が発生している、という話だ。テレビでそういう報道があった記憶がある。先の牛込柳町を想起させるが、どうもこれは都市伝説に近いらしい。排ガスだけでは雲はできないというのがその理由。東京湾と相模湾から吹く風が環8周辺でぶつかり合い、上昇すると雲になる、これが環8雲の正体のようだ。ただ環8雲は排ガス雲ではないものの、ぶつかった風が上昇するのには「ヒートアイランド現象」が関係している。環8雲は環境問題と無関係ではないらしい。*

* 「環8雲」については、東京新聞web2020・7・28付の記事によった。

▼現代版「朱引き」

江戸時代の地図には、ここまでが「江戸」であることを示す「朱引き」という境界が描かれていた。その後も、境界を示すメルクマールは多数存在している。現在の「23区」もわかりやすい線引きだ。1871（明治4）年の廃藩置県で整備された「東京府」という区分にもそういう機能があり、そこに入らなかった多摩の村々は、しばらく神奈川県に属することになった。

いつの時代でも都市には、その領域を示す区分が必要なのだろう。現在も行政は、災害時を想定して、東京の中に明確な線引きをおこなっている。その指標が環7である。

「東京で震度六以上の地震が発生した際には、…環7から内側への流入は禁止という交通規制が行われる」（内田宗治「都心の環状ネットワークの成り立ち」前掲の『東京人』）。警視庁による電光掲示もすでにされているようだ。環7は現代版「朱引き」という側面ももっている。

戦前、環８周辺は〈郊外〉ととらえられていた。たとえば**井伏鱒二**の『**荻窪風土記**』には荻窪あたりの糞尿譚が出てくる。環８周辺はそれくらい田舎だったということだ。だから、東京の都市部とそれ以外を区分する環７という指標は、それなりの理由があることになる。

ただ、東京は膨張を続け、〈郊外〉は西進した。かつて環８は東京の〈郊外〉を走っていただろうが、現在ここを〈郊外〉というのは無理がある。東京の〈郊外〉を南北に貫く象徴的な道路というと、この次に取り上げる国道16号線になるだろう。もっともこの道は、東京圏の西の限界だと考えられる。そこで環８とルート16の間に、もう１本〈郊外〉の道を指摘してみたい。

▼府中街道は鎌倉街道である

それは「府中街道」である。東村山から新青梅街道を南に越え、小平、国分寺を経て府中、そして川崎に至る。東村山から府中に至る経路では、ＪＲ武蔵野線と並行して走っている。この道は〈郊外〉を走っているといえるだろう。

同時にこのあたりの府中街道は、鎌倉街道と重なっている。鎌倉街道というのは少なくとも鎌倉時代からの古道で、鎌倉に事があると「いざ鎌倉」ということで、御家人がはせ

府中街道、すぐ先が八坂の新田義貞伝説のある「多叉路」

参じるための道だった。なので鎌倉街道は複数ある。その中で、この府中街道と重なるルートは、高崎から鎌倉を結ぶ「鎌倉街道上道」にあたると思われる。

その根拠と思しき伝承が東村山市の八坂に残っている。

『東京「多叉路」散歩　交差点に古道の名残をさぐる』（荻窪圭、2020年、淡交社）という本があり、府中街道の東村山市・八坂にある「多叉路」が紹介されている。

《伝承によると、この交差点に「迷いの桜」があった。鎌倉幕府最後の年になった1333年、新田義貞が上野国から鎌倉を攻めるために通過する際、この辻でどれが鎌倉への道か迷ったので、道しるべとして桜を植えさせた》（p12）。

東京を輪切りにする概念図

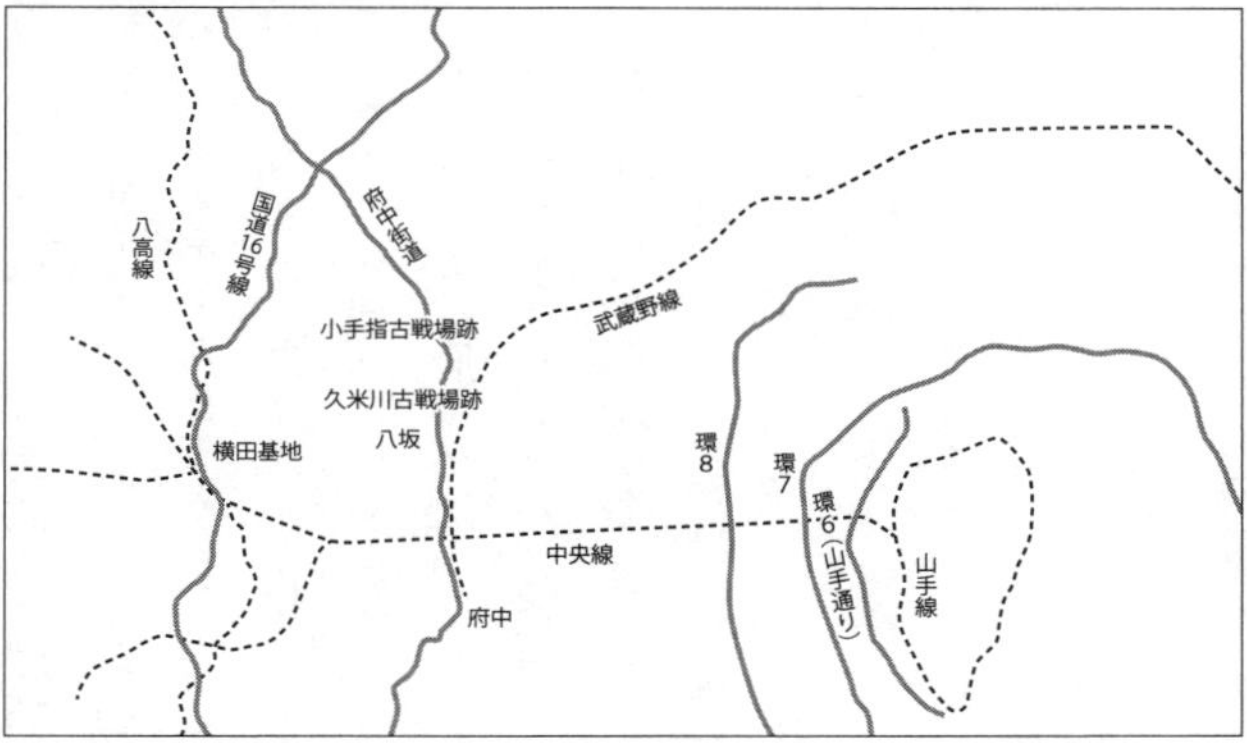

もう少し説明すると、１３３３年、新田義貞は打倒北条高時のため地元である上野国で挙兵した。そののち鎌倉へ攻め入り、鎌倉幕府を滅ぼすことになる。このときの経路がまさに鎌倉街道で、鎌倉街道は鎌倉を滅ぼす道となった。そのため、鎌倉街道の一部をなす府中街道の周辺には、このときの古戦場跡がある。

まず新田勢は鎌倉街道を南下して「小手指ヶ原の戦い」で幕府方を破る。この「小手指」は埼玉県所沢市にあり、西武池袋線にもその名がある。次に「久米川の戦い」、そしてさらに南下して「分倍河原の戦い」でも幕府勢を倒して多摩川を越え、鎌倉に至る。

「久米川」は東村山市にあり、西武新宿線にもその名の駅がある。この駅は、先の八坂の交差点の近くだ（八坂という西武多摩湖線の駅があるが、この位置関係の説明は煩瑣になるので省略）。しかし久米川の戦いの古戦場跡は、八坂より少し北にあるから、新田の伝説はこの戦いの後のものと考えていいだろう。

考えてみると、迷った話と桜を植えた話がどう結びつくのかよくわからないが、新田勢がこのあたりを通った伝承と解釈すれば問題ない。

一方の幕府方は府中街道あたりで防衛線を何度も破られ、最大の防衛線である多摩川も越えられてしまったのだが、新田勢と戦ったのは、このあたりの豪族なのだろうか。それとも鎌倉から防衛隊が出張ってきた勢力なのか……、興味は尽きない。

このように〈郊外〉の道は、意外な地域と時代を結びつけているのである。

5　東京を輪切りにしてみた２
――16号線のスズキさんと極楽将軍

ここでも東京を南北に走る２つの道について述べたい。本稿は２本立てになっていて、前半は国道16号線で１９９０年代、近過去が舞台。後半は鎌倉街道の続きで、『太平記』の世界を散歩する。

▼国道16号線紀行

前項目でも少しふれたが、国道16号線は横須賀から相模原、横田基地の横を通り、川越、春日部という埼玉ゾーンを経て、野田、千葉を抜け木更津に至る、大規模な環状道路である。この道を横須賀から木更津まで「アメ車」でドライブした紀行文が１冊の単行本になっている。

『16号線ワゴントレイル　あるいは幌を下げ東京湾を時計まわりに』という本で、書いたのは**矢作俊彦**。出たのは96年（二玄社）。矢作俊彦は探偵もののハードボイルド小説の作家と

して知られているが、１９９０年刊（連載は88年から）の『**スズキさんの休息と遍歴　または
かくも誇らかなドーシーボーの騎行**』という一風変わった小説（新潮社）が評判になっていて、その流れの1冊ともいえる。

『スズキさん…』はフィクションだが、ある種のモデル小説で、「スズキさん」はこの小説が連載されたクルマ雑誌『ＮＡＶＩ』（二玄社）の編集長がそれらしき人物と推定される。

小説『スズキさん…』は、

《で、スズキさんはその日生れてはじめて有給をとった。》

で始まる。「で」の文字は通常の本文の3倍ほどの大きさで、赤文字になっている。このとぼけたというか、どこまでがマジでどこからが冗談かわからない世界が、『スズキさん…』と『16号線…』を貫いていて、実際『16号線…』にも「スズキさん」は登場する。

「スズキさん」的なるものは、社会主義崩壊以降も左翼的思考を、集団ではなくあくまでも個人として貫こうする姿勢＝自己原則＝倫理である、と解釈してみたい。それもセンス良くなければならないというシバリもある。

この頃、実在する鈴木正文さんが編集する雑誌『ＮＡＶＩ』は元気で、「エンスー」*（熱狂者エンスージアスト＝enthusiastの略）という概念を広めるなど、社会批評を内包したク

ルマ雑誌とみる向きもあった。いまから考えると、90年代には『NAVI』的なるカルチャーがあったということができるかもしれない。

＊「エンスー」という略形は、2007年に亡くなったイラストレーター・エッセイスト渡辺和博が『NAVI』の中で用いたことから使われるようになったといわれる。

▼〈郊外化〉する社会

というわけだから、『16号線…』は矢作俊彦による、「スズキさん」的な社会批評を内包する紀行文といっていいだろう。第1章は横須賀から相模原まで、ルート16が米軍のための軍事道路であったこと、ただ日本のなかのアメリカについては、どうしても両義的になること（単純な対米従属批判にならない）が述べられる。なにしろ乗っているクルマは、アメ車の代表のようなオープンエアのカマロなのだから。

第2章は相模原から川越まで、第3章は川越〜春日部、第4章は春日部〜木更津となっている。興味深いのは、刊行から30年近く経っているのに、〈郊外〉について語られていることが、いまも成り立っていると感じられることだ（本書の第2章も参照）。

『16号線ワゴントレイル』のカバー（全体）

《都会でもない、田舎でもない。人に何の感興も与えない、どうでもいい風景》（p75）

《「…郊外こそ加速度的に画一化どころか均一化しつつあるんじゃないかな」「東京近郊の風景がこれ以上貧しくなることもないんじゃないか」「殺伐とした景色の集大成」》（p90〜92）

《「そういう風景が世界を侵犯してるだろ、まるで一頃のファミレスやコンビニのように」》（p147）

日本中が〈郊外化〉していき、「安全・安心・便利・快適・コスパ」という価値観が社会を席捲してきた事態は、すでに90年代に始まっていたということだ。この本の随所に散らばっている「埼玉」や「千葉」への罵詈雑言は、郊外的なる価値観に対するものだと考えれば理解できなくはない（納得しているわけではないが）。

ついでに、東京については、こういう発言がある。

《「この国のどこに都会があるんだよ」「それは今に始まったことじゃない。九州の田舎侍が大挙して押しかけて、江戸が二百五十年かけて培った都会の素《もと》みたいなものを台無しに

してしまったんだ。…東京は…巨大な村なんだ》（p148〜149）

要するに「田舎」的なるものの完全否定なのだが、では単純に二項対立的な価値が定立されているのかというと、そんなに単純ではないのが、矢作俊彦なのである。

《近頃、車は、人を高揚させる、言わば〈命に係わるほどの馬鹿馬鹿しさ〉を、完全に失ってしまったふうなのだ。／その点、まだまだ、このカマロなんかには、そうした〃馬鹿馬鹿しさ〃の残滓のようなものが漂っている。》（p130）

この両義的な「馬鹿馬鹿しさ」の説明はこのように続く。

《私の言う馬鹿馬鹿しさとは、雨の日に傘をさしてモーガンに乗るスズキさんの馬鹿馬鹿しさであって、雨の日にわざとびしょ濡れでカブリオレから降りてみせる羽賀研二の馬鹿馬鹿しさではない》（p131）

わかるような、わからないような……、羽賀の行為はこれ見よがしの「田舎者」のそれだが、スズキさんは自己原則（格率）としてそれをやっている、と解釈したらいいだろうか。「田舎者」の何が悪い、気障で鼻もちならない、という反論も成り立つが、「馬鹿馬鹿しさ」を幾重にも反転させていくような論理には惹きつけられる何かがある。

ただし、スズキさんの思考やスタイルを真似しては意味がない。あくまでも自分の倫理であり、些末なことでも自分に課した原則を貫くことである。これはどこか村上春樹の主人公に通底している気がする。それは圧倒的な同調圧力に抗する、ひとつの方法かもしれない。

ところで、馬鹿馬鹿しくも心躍らせるというような両義性を人物造型に使い、とことん馬鹿なんだけれど凄いというキャラクターが登場する作品に遭遇した。次節で紹介しよう。

▼合戦にうってつけの地

さて、ここからが後半である。

本章4で、府中街道と重なる部分の鎌倉街道について、新田義貞が鎌倉幕府を滅ぼした際この道を通ったことを少し述べた。それは『**太平記**』の時代にあたるわけだが、最近、この時代をめぐる話題の書が出た。2023年の直木賞を受賞した**垣根涼介**『**極楽征夷大将軍**』（2023年、文藝春秋）である。中心に描かれるのは室町幕府を開いた足利尊氏とその弟・直義と足利家を執事として支えた高師直。この3人を軸に鎌倉幕府の滅亡から、建武の新政を経て室町幕府の成立までの動乱を〝シーソーゲーム〟あるいは〝オセロゲーム〟のようにたどる歴史エンターテインメントだ。

新田義貞が、幕府打倒のために挙兵すると、《近隣（注：上野の国や武蔵の国など）の源氏系御家人も即座に呼応した。新田軍はすぐに、二万以上の軍勢に膨れ上がった。その余勢を駆り、義貞は南下していった（注：その経路が鎌倉街道）。随所（注：小手指や久米川）で鎌倉から出張ってきた北条一門の軍と戦いを繰り広げながら……》（p167）とある。

気になっていたのは、府中街道あたりで新田勢を迎えたのは、どういう勢力だったのか、ということだった。引いたのは小説だが、こういうところをフィクションにしても意味がないので、記述を信じると、鎌倉からわざわざ北条勢が出張ってきたことになる。家の存亡をかけているのだから、当然といえば当然だ。

諸勢力から近い・遠いというよりも、この府中街道近くの小手指という場所は、合戦に向いた地（形）なのかもしれない。というのも、小手指ヶ原における合戦は、この1333年の1度だけではないからだ。

▼尊氏のイメージ

それを述べる前に、この小説の最大の特徴についてふれておかなければならない。それは本作の主役中の主役である足利尊氏（高氏）のキャラクターである。

足利尊氏といえば、どちらかといえば悪役イメージである。後醍醐天皇にしたがって鎌倉幕府を滅ぼしたが、やがて後醍醐帝と対立し、天皇親政から武家に政権を奪い返し、室町幕府を開いた。天皇を裏切ったから朝敵であり逆賊だというのは皇国史観的だが、楠木正成＝善玉／尊氏＝悪玉というのはわかりやすい図式だ。少なくとも尊氏には正義の人みたいなイメージはない。

なにしろ鎌倉幕府をともに倒したいわば同志であり、源氏の一族でもある新田義貞と袂を分かつだけでなく、最終的にはこれを武力で潰している。幕府が成立した後も、自分の参謀であった高師直と実の弟・直義の内ゲバ（観応の擾乱）があり、尊氏は直義を毒殺したという説まである。結果的に悪者になってもおかしくない履歴だと思う。

足利尊氏とされてきた像

さらに尊氏の肖像とされていた京都国立博物館蔵の騎馬武者像がその「悪い」イメージを助長していた。しかし近年、歴史教科書の肖像画の定説が崩れている。源頼朝のそれがかなりあやしいという話もよく聞くが、同様に上記の尊氏の像は、高師直であるという説が「最有力」のようである（『極楽征夷大将軍』p288）。

▼能天気な将軍

このいわば武骨な尊氏像とはまったく違ったキャラクターをつくり上げたのが『極楽征夷大将軍』である。尊氏は子ども時代から、覇気も、野心も、自信もなく、能天気な人物として描かれる。万事いい加減で、文武にも励まず、だいたいのことにおいて無能。大切な実務も優れた弟である直義に押し付ける始末。〃極楽とんぼの殿〃と周りは評価しているし、自己評価も同様。自分が〃軽い神輿〃であることも自覚している。しかし、何事にもこだわりがなく徹底的に〃無私〃であるがゆえに、その姿勢に人びとは心服する。そしてなにより、いくさには猛烈に強い。いざというときその力が十全に発揮され、人望が上がる……。

ふだんはヘタレ男だが、じつは特異な潜在能力があり、それがときおり噴出して物語が展開する。ダメダメなのにすごい男の物語としてこの〃太平記〃は構成されている。まずキャラクターがあり、そこからストーリーが派生するという構造は、マンガやテレビドラマなどエンターテインメントの創作においては基本らしい。キャラクターがストーリーに先行するのである。*歴史小説の作者である垣根涼介が、最初にそのようなキャラクターを思いつき、史実にあてはめたといいたいわけではない。ただ、あたかもキャラクターから流れ出る物語のように尊氏たちの歴史が語られているのは面白い。

＊大石賢一『マンガ原作バイブル』、浅田直亮『ちょいプラ！　シナリオ創作術』参照。ついでにいうと、キャラが立った存在は、それらしい行動を生むし、彼（彼女）ならではのセリフを吐く。前半に挙げた「スズキさん」にもこれがあてはまる、といえる。

▼小手指ヶ原の合戦は1回だけではなかった

この作品で尊氏は2回だけ「自らの明確な意思で動いたことがあった」とされている（p543）。どちらも連戦連敗の弟・直義を救うための行動だった。1回目は建武の新政後、北条家の残党が乱を起こしたとき、2回目は直義が新田義貞に東海道筋で負け続けたときのことだった。足利軍が逆転にいたるくだりは、なかなかの感動をもたらしてくれるのだが、この1回目の負け戦において、「小手指ヶ原の戦い」つまり府中街道近辺が登場する。今度は足利が鎌倉を守る立場である。ずいぶん寄り道したが、ここでやっと小手指ヶ原の戦場にたどりついた。

《（注：1335年7月）二十二日の未明には、今河範満の軍が入間郡小手指ヶ原にて、さらには正午には小山秀朝の援軍が武蔵の国府のある多摩郡は府中にて、立て続けに敗れた》（今河、小山とも足利方、p236）

じつは、小手指ヶ原は少なくともあと1回、戦場になっている。しかし、それは師直や直義の死後なので『極楽征夷大将軍』には載っていない。そこで『**マンガ日本の古典　太平記**』（さいとう・たかを、中央公論新社）をみると、ほとんど最後のページにあった。

足利家の内ゲバである観応の擾乱がひと段落つきそうになっても、南朝勢との争いは続いていて、そこで3回目の小手指ヶ原の戦場が登場するのである。

1352年、尊氏は南朝方である新田義貞の子らと「小手差《ママ》原」で戦い、これを一掃したということだ。やはり尊氏が強かったのは間違いないようだ。

それにしても、小手指といい、鎌倉街道といい、思わぬ歴史がねむっている。それらをもう少し意識するだけで、〈郊外〉とひとくくりにされる場所が、ちがってみえてくる、というのがここでの結論。

6 村上春樹のピンボール
——時代との接点

大げさなものいいになるが、この章で見てきたように、「郊外」について考えることは、そのまま現代社会を考えることになる側面がある。同じように、村上春樹について考えると、それがそのまま現代社会論になる、という構造があると思う。村上春樹と「都市」「消費社会」「ポストモダン」……。村上と「郊外」や「武蔵野」とは直接関係はないが（『1973年のピンボール』には三鷹のICUのキャンパスが出てくるが）、ここで、村上春樹についても考えてみたい。

＊

『1973年のピンボール』（以下『ピンボール』）は、『風の歌を聴け』（以下『風の歌』）に続く村上春樹の2作目の作品、1980年に刊行されている（いずれも講談社）。前年の『風の歌』はデビュー作でもあり、間違いなく村上春樹の代表作として言及されることが多いが、『ピンボール』はそれに比べると少しばかり影が薄い。村上と同じころデビューしたサザンオールスターズ（１９７８年デビュー）でいうと、「いとしのエリー」（１９７９年）に対する「思い過ごしも恋のうち」（同年）みたいな位置づけといったらいいだろうか。どちらも衝撃作のあとの次作で、佳作なのに代表作にはなれない。どういうわけか私は、そういう作品をひいきにしてしまう性癖がある。

文学と音楽を結び付けて何かを言うのは、恣意的にすぎるという意見があるかもしれない。ただ、デビューから現在にいたるまで、世間的な意味で「消えて」いない同時代のアーティストは多くないわけで、その意味で私のなかで、村上とサザンはどこかつながっている。

村上は80年代前半、私をはじめいわゆるマニアックなファンをつかんでいた。それが、87年の『ノルウェイの森』（講談社）が大ブレイクし、誤解をおそれずにいうと〝商品としての村上春樹〃は違うステージに移行した。いまから考えると、この過程は日本のフォークが「ニューミュージック」となり、さださしもサザンも一緒くたになりつつも80年代の歌謡界を席捲していた状況に重ねることができる。

文芸評論家でいまは哲学者の竹田青嗣は『ニューミュージックの美神たち』（１９８９年、飛鳥新社）を書き、井上陽水、松任谷由実、サザン、中島みゆきと一緒に村上の『ノルウェイの森』を論じている。「バブル経済」とも重なるこの80年代後半、「村上春樹」は高度消費社会を語るときに参照される不可欠なアイテムになったといっていいだろう。

村上にはなんの責任もないのだが、その頃の読者の反応は「だから村上が好き／嫌い」に分かれていたように思う。……脱線がすぎた、『ピンボール』に戻ろう。


あらすじを書いてもあまり意味があるとは思えない。「僕」と「鼠」の73年に起こったエピソードが章分けされ、ほぼ交互に記される。「僕」は友人と共同で翻訳の事務所をつくりそこで仕事をしている。「僕」の部屋には突然「双子の女の子」が住みつき、昔夢中になっていた「ピンボールマシン」を探し、発見する。やがて「双子」は出ていく。「鼠」は「僕」とは700キロ離れた街で暮らしている。その街には「ジェイズバー」があり、「僕」と「鼠」はその店に通っていたことがあり、「鼠」はいまも常連。「僕」がseek and findする「ピンボールマシン」はその店にあった。「鼠」は大学を中退していて、その街にいる。女と別れ、「街を出る」とバーの店主「ジェイ」に語る……。

『風の歌』『ピンボール』『羊をめぐる冒険』（1982年、講談社）が、「鼠三部作」と呼ばれることがあるのは、この「鼠」に由来する。これは「僕」と「鼠」が織りなすひとつらなり、の作品である、という認識だ。「三部作」には年月日が頻出する。わざとランダムに出てくるので、ん？　どうなってる？　整理してみよう、という気分になってくる。それを実際にやったのが、髙橋丁未子編『Ｈａｐｐｙ　Ｊａｃｋ鼠の心　村上春樹の研究読本』（１９８４年、北宋社）所収の「謎のない年譜」だ。この三部作に出てくるエピソードを時系列に並べ、エピソードは矛盾なくきちんと（80年代村上のキーワードのひとつ）構成されていることを示していた。

村上のテキストは、多くの人の解読心を刺激していった。なにしろ村上は謎を埋め込むのが上手い。『ピンボール』には唯一まともな名前の持ち主「直子」が登場する。この人物は、7年後に『ノルウェイの森』のキーパーソンとなって再登場する。それを村上はこの時点で想定していたのか？　それはよくわからない。村上作品には、あとになって新たに謎がでてくるようなところがあるが、これがまた「解読心」をくすぐる。

「直子」も「鼠」も死んでしまったことが明かされるのは他の作品だ。『ピンボール』にその伏線があるわけではない。ただ、この作品には大きな喪失感が漂っていることは確かだ。この喪失感は村上春樹文学のキーワードといってもいいだろう。

たとえば映画や文学の評論家川本三郎は、このへんの事情について、全共闘運動の終息や連合赤軍事件の衝撃と絡めて述べる。

《「鼠」が突然、死者として（注：『羊をめぐる冒険』に）戻ってくるのは、彼があの時代に「革命思想」にひかれ、「死んでいった」無数の沈黙しつづけている死者の象徴だからではないのか。》（『都市の感受性』p106、1984年、筑摩書房）

『羊をめぐる冒険』には「全共闘」も「革命」もまったく出てこないにもかかわらず、である。川本はこれを「あくまでも透明な抽象感」ゆえ、と表現している。

村上のこの「抽象感」は、「浅さ」とか「社会性」のなさなどと、否定的にとらえる人も少なくなかった。したがって村上は当時の文壇的にはあまり評価されず、芥川賞をとっていない。しかし、80年代頃の村上のスタイルは、深刻ぶった純文学とはまるで縁がないように、軽やかな歩みで時代の先を行っているように見えた。『ピンボール』から引く。

《リプレイ、リプレイ、リプレイ……、まるでピンボール・ゲームそのものがある永劫性を目指しているようにさえ思える。（略）／もしあなたが自己表現やエゴの拡大や分析を目指せば、あなたは反則ランプによって容赦なき報復を受けるだろう。》（P31）

ニーチェの箴言みたいに見えなくもないこうした文言に、私も含め多くの人びとがやら*れ*たのは、冒頭に述べたとおりだ。

村上論を何冊も書いている加藤典洋は、初期の村上春樹を次のように評している。《近代文学の基底としての「否定性」（注：国家や富者や現実の社会に対する否定性）を前に、ふてぶてしく「気分が良くて何が悪い？」とうそぶく、ポストモダンの文学性を立たせているのである。》（『村上春樹は、むずかしい』p33、２０１５年、岩波新書）

じつは加藤はこの後、サザンと村上を対照させたりしているが、ここでは省略。また、村上はポストモダンどころか日本近代文学の枠を出ていないとか、陳腐な物語構造をつかっているといった批判（柄谷行人や蓮實重彦）をふくめ、ノーベル文学賞常連候補となった村上春樹をめぐる解釈はいまなお続いているわけだが、これ以上深追いしない。

ただ、80年代初頭、村上が書いた《ありえないことなんだけど、ありそうなこと》、たとえば『ピンボール』に出てくる《翻訳の仕事を淡々とこなし、ジャズを聴き、缶ビールを愛飲し、シャワーをあびたらカントと煙草を持ってベッドに潜り込む生活》などいう上手いウソは、私にとってクールな衝撃としてあったことを、いまなお語りたくなってしまうのだ。

「上手なウソ」について村上自身が種明かしのようなことを語っているので、蛇足を承知で引用して終わりにしたい。

《僕らは…そのかわりに（注：薄っぺらな事実を書くかわりに）ひとつのファンタジーをでっちあげるわけです。つまりいくつかの重い事実の集積を、ひとつの『夢みたいな作り話』にとりかえてしまうのです。空中庭園みたいにふっと地上から浮き上がらせてしまうのです…／僕らはその小説を書き上げ、『これは現実じゃありません。でも現実じゃないという事実によって、それはより現実的であり、より切実なのです』と言うことができます。》（『若い読者のための短編小説案内』ｐ97、傍線は原文の強調、１９９７年、文藝春秋）

第4章

川から武蔵野の歴史をたどってみる
——少し違ってみえる地元

黒目川

1 もしも「ブラタモリ」がひばりが丘に来たら
——地形の想像力

もしも「ブラタモリ」がひばりが丘に来たら、という設定でこの回をスタートしようと思ったら、すでに同じ狙いの企画が「ひばりタイムス」に掲載されていた。それも3回。キーワードは「スリバチ（地形）」、つまり窪地。ひばりヶ丘駅周辺から東久留米を流れる黒目川、その支流の落合川、立野川などを経巡《へめぐ》り、高低差のある地形とか暗渠といった特徴的なポイントを探る、研究者の解説付きの散歩イベント。タイトルは以下のとおり。どの回もきれいな写真が多数掲載されているので、ぜひ参照を。

★２０１８年11月10日　ひばりが丘の「スリバチ散歩」―「谷の中の谷」の過去を知る

★２０１９年5月21日「スリバチウォーキング」で凸凹を体感―南沢湧水群周辺の風景を楽しむ

★２０１９年11月14日　過去と今を結ぶ川―夕空望んだ「スリバチ散歩」

同好の士は増えつつある、ということだ。もっとも、テレビ東京の「出没！　アド街ック天国」や「モヤモヤさまぁ～ず」なら近辺に来た実績もあるから、「ひばり」に来てもそれほど不思議ではないけれど、さすがに本物の「ブラタモリ」は難しそう。ということで、「ブラタモリ」的なるものについて書物を使ってちょっと考えてみたい。

▼主役は地形

あらためていうほどのことでもないが、２００８年に始まったＮＨＫの街歩き番組「ブラタモリ」は、それまでマニアックな関心しか集めてこなかったその土地の「地形」というものを、メジャー化した。いわゆる観光地然とした「名所旧跡」ではなく、地形や地質を含む「地勢」の推移や歴史が、ゴールデンタイムのメインテーマとなることを示したわけだ。

この番組の元ネタは「タモリ倶楽部」（１９８２～２０２３年、テレビ朝日系の深夜番組）にあるといっても、異論は出てこないだろう。「タモリ倶楽部」は、深夜枠であることを活かして、鉄道ほかまさにマニアックなテーマを紹介することで知られていた。「痕跡」とか「水路」や「地図」はその筋御用達のかなりマイナーなネタだったが、それがゴールデンに「昇格」

と相成ったわけである。マニアとしてはそうしたメジャー化は嬉しくもあるが、自分の領域に踏み込まれたようで、面白くない気分もなくはない。

ともあれ、地形という地味な主題が、「ブラタモリ」というメジャーな番組の中心を占めるまでに、スプリングボードのような役割を担ったのが「坂道」である、と筆者は考える。

「坂」は、だれでも認識している「道」なのに、そこにはいろいろな思い入れを託すことができるからではないだろうか。

「ブラタモリ」的？湾曲した急な坂道。東久留米団地へ至る

▼「坂道美学」から凸凹へ

坂道好きが高じて「日本坂道学会」なるものの副会長をつとめるタモリが、2003年4月から雑誌「TOKYO★1週間」に連載した坂案内をまとめたのが『**タモリのTOKYO坂道美学入門**』（2004年、講談社、2011年に新訂版）である。

オールカラー、タモリの写真と解説の文章、イラストマップ、古地図で構成されていて、情報の密度が高い。食べ物屋紹介が入っているのは、好みの分かれるところだ。まえがきにあたる「坂道の都、東京の魅力」に、（東京は）「かなり高低差があり、しかも大都市のど真ん中に驚くような急傾斜の坂がいくつもあった」とある。そして、「坂道鑑賞ポイント」として①勾配の具合、②湾曲のしかた、③まわりに江戸風情をかもしだすものがある、④名前に由来、由緒がある、という４つを挙げている。

地形＋歴史という「ブラタモリ」の着眼点がほとんどここに揃っているといっていいだろう。そして、この「坂道」本をきっかけにして、東京の「凸凹」というキーワードをめぐる書物が増えてきた気がする。

たとえば２００６年に、**『地べたで再発見！『東京』の凸凹地図』**（東京地図研究社著、技術評論社）という本が出ている。これは地図の専門家がつくった本で、Ｂ５判オールカラー。文字通り地形が見える等高線の入ったカラーの地図が満載されている。『坂道美学…』が芸能人の本らしく（?・）港区や目黒区の坂が多いという特徴があるのに対し、こちらは牛込近辺の台地、本郷、小石川の台地、目白の台地、玉川上水なども載っていて、東京の凸凹ポイントはしっかり押さえているゾ感がある。ただ、この本がウリにしている3Dメガネで航空写真を見せるという手法は「?・」(効果があまり伝わってこない。いまやGoogleで見ればいい?)。

だが、渋谷や新宿近辺ほか、凹=水路に関する地図は充実している。水がなければ凹になりようがない。東京にはどれだけ川が多い(多かった)かを再認識させてくれる。

坂はなかなか消えない(麻布の北日ヶ窪町が坂を含めてまるごと消えてアークヒルズになったような例外はある)が、川・水路は暗渠化されて簡単に姿を消す。都市や街の発展に「水」は邪魔だといわんばかりだ。そして「消えた」ものは、探索心をくすぐる。

そもそも、なぜ「地形」が人を惹きつけるのか。それは「地形」をめぐって、さまざまな想像力を働かせることができるからではないだろうか。「地形」には自然的要素から、数万年前からつい最近のことまでの歴史が眠っている。想像力や知識を駆使して「地形」を読むことで、その時間層を自在に旅することができるのだ。簡単に見えないがゆえに、それは楽しい。その実例のような本を次に紹介しよう。

▼『アースダイバー』

上記の凸凹本と同じ頃、2005年に文化人類学者の**中沢新一が**『アースダイバー』（講談社）を出した。同書は、東京にあるビル等の上モノをはずして原地形といってもいいようなものを露出させようという発想で成り立っている。上モノを外してしまうと、「縄文（洪積層）／弥生（沖積層）」の地形が浮かびあがってくる。「縄文海進」という言葉があるように、縄文期には東京のかなりの部分まで海が食い込んでいたらしい。乱暴にいってしまうと、東京圏のいわゆる「下町」はもちろん、現在川周囲の低い部分の多くは海だった可能性がある。

東京の洪積層の台地周縁部をトレースして図にすると、手袋状のヤマイモあるいは脳ミソみたいな形をしている（下図参照）。縄文期の〝海〟に突き出ていた〝岬〟は、いまは崖、高台としてその姿を残していることが多い。この本にはその例として、東京タワーや四谷、渋谷、麻

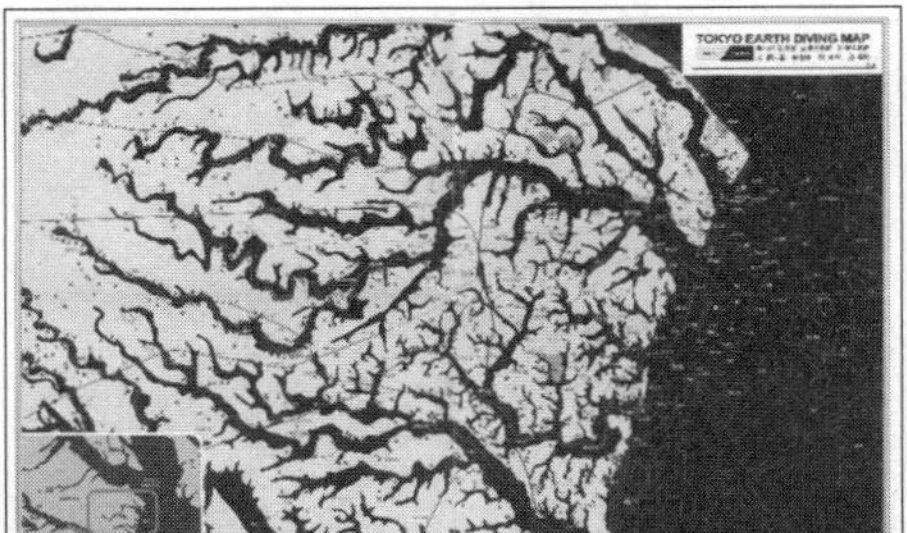

『アースダイバー』付録の縄文地図

布といった「高低差」を感じさせ、さらには時間が堆積して、なにやらいわくありげなスポットが紹介されている。

元岬周辺には墓地や寺社が多々存在する。岬は境界であり、「死」の世界と接する異界的なポイントなのだ。「縄文地図を持って東京を散策すると、見慣れたはずのこの都市の相貌が一変するように感じられるから不思議だった」（同書「エピローグ」）ということである。

たしかに、先のひばり周辺の「スリバチ」巡りで紹介されているようなちょっとした高台に立って、川（＝ひょっとして縄文期は海？）方向を眺めると、岬に立っている気がしなくはない。

▼**『川の地図辞典』**

東京の川について、これでもかという詳しさと親切さを感じさせてくれる好著**『川の地図辞典　江戸・東京／23区編』**（菅原健二、之潮）が２００７年に出ている。帯に〈消えた川・消えた地形歩き〉＝「アース・ダイビング」必携とうたっているので、中沢新一の本を十分意識している。たしかこの著者は「タモリ倶楽部」に出たことがあると記憶する。

これも地形本の流れだが、なにしろ「辞典」である。超弩級の凝ったつくりだ。東京を

70ブロックに分け、現旧その河川や水路をひとつひとつ地図に記し、文章で説明する。地図は2つあって、ひとつは1880年代のもの、もうひとつは現在の国土地理院「二万五千分の一地形図」で、2つは対照できる。現在の地図には、暗渠になったりして消えてしまった水路が破線で書き込まれ、見えないものが「見える」仕組みになっている。この作成作業は想像するだに大変そうで、敬服に値する。いつまでも見ていて飽きない。シンプルな暗渠を含めた水路図は、さまざまな想像をかきたててくれるからだろう。「暗渠本」も出ているが、こちらはまさに決定版だと筆者は考える。

この本は『江戸・東京23区編』だから、ひばりが丘近辺は「練馬区⑥」に保谷・東伏見の河川が載っている程度。だが、2015年に補訂版が出た『**川の地図辞典　多摩東部編**』には「西東京①」としてひばりが丘や黒目川が載っている。

▼スリバチ地形

こうして地形本は、さまざまなバリエーションをもつことになった。なかでも「スリバチ地形」という概念は、かなり浸透しているように思える。その元となる本は2012年に出た『**凹凸を楽しむ東京「スリバチ」地形散歩**』（**皆川典久**著、洋泉社）。オールカラーで地図も写真もきれいにできている（『川の地図辞典』はモノクロ、自分で色を塗りなさいと書いてあるのと対照的だ）。

「都会にひそむ谷」として六本木、麻布・白金、四谷、本郷、渋谷という窪地の定番みたいな土地を始め、全15箇所の東京の「スリバチ」が紹介されている。

この本に「ひばりが丘」周辺は登場しないが、姉妹編である**『凹凸を楽しむ東京「スリバチ」地形散歩 多摩武蔵野編』**（**皆川典久**、**真貝康之**著、2017年、洋泉社）に「東久留米」という項目がある。かなり小さい立野川やほとんど暗渠の「弁天川」（もちろん『川の地図辞典 **多摩東部編**』には載っている）など、地元民が読んでも納得できる取材がなされている。

2　川は流れて、「新座」は「新羅」——〝水系史観〟の源流

先に、「地形」が一種のブームになっていることを書いた。その盛り上がりは2013年あたりから確かなものになったと考えられる。というのもこの年、『**日本史の謎は「地形」で解ける**』（**竹村公太郎**、PHP文庫）というそのものずばりの書名をもつ本がベストセラーになっているからだ。この文庫は同著者が書いた『土地の文明』（2005年）と『幸運な文明』（2007年、両書ともPHP研究所刊）という本を再編集してなった、と記されている。つまり、「地形ブーム」という時流を読んだ著者もしくは編集者（たぶん後者）が、編集技術で見事にベストセラーをつくりあげた、ということになる。

▼日本史の謎は「地形」で解けるか？

同書は「地形や気象から見る歴史は、今まで定説と言われていた歴史とは異なる」（「はじめに」）と述べ、さまざまな日本史の「通説」を覆していて面白い。〝ネタばれ〟は極力控え、

カバーの惹句から拾うと「元寇の失敗の真因は「（福岡の）泥の土地」」「京都が日本の都となったのはなぜか、一方奈良はなぜ衰退したか」「なぜ徳川幕府は吉良家を抹殺したか」等々の「謎」が地形と関連づけて解かれている。なるほどと思う。間違いなく「地形」は歴史を左右しているのは納得できる。ただ、

《地形と気象は動かない事実である。そのぶれない地形と気象の事象をどう解釈して、どう表現するかは各自の自由である。その解釈の根拠としてぶれない地形と気象を共有していれば、議論は拡散せず、客観的にある方向に向かっていく。》（「はじめに」）

……かどうかは疑問が残る。コロナ禍を経てみると、「科学的なデータ」を共有したところで、議論が一向にまとまらないのは明らかだからだ。「客観的」がいかに難しいかは、多くの歴史論争をみればわかるというもの。

ともあれ、この本では、徳川幕府が江戸の川、つまり「水」をコントロールすることにどれだけ腐心してきたかが述べられている。初期の徳川幕府は、利根川を、江戸をバイパスして太平洋に流すなど大規模な土木工事を次々に実行して広大な新田を拓き、権力基盤を経済的に確実なものにしていった。さらに拡大する江戸の飲料水を確保するために玉川上水を引いたことはよく知られている。われわれが暮らす武蔵野と玉川上水の関わりは深

いので、本章６で触れるが、玉川上水が完成したのは１６５３年（四代将軍家綱の時代）。家康が江戸に入ったのは１５９０年だから、それまで江戸の飲料水を確保するため、家康はさまざまな策を講じている。

１６０６年、家康は和歌山藩の浅野家に虎ノ門に堰堤（ダム）の建設を命じた。それが今も地名として残る「溜池」となった。溜池とは飲料水ダムだったというわけである。その堰堤の姿は広重の『名所江戸百景』「虎の門外あふひ坂」に描かれ、この本に引用されている。

広重『名所江戸百景』「虎の門外あふひ坂」

このように江戸と「水」のつながりは強く、かつては権力者だけでなくひとびとの生活とも密接に関わっていた。ところが近代都市東京は水運を捨てただけでなく、「川」を邪魔ものにしていったようにみえる。その最たる例が川に蓋をする形で広がる首都高速だ。日本橋の上に被さる高速道路は地下化されるようだが、都心の川はほとんど息をとめられている。

「地形ブーム」はこうした流れに異をとなえるものといえる。本章1でふれた**中沢新一『アースダイバー』**は、東京と「水」の関わりを再認識させるものだし（「ブラタモリ」も同様）、江戸の下町はヴェネツィアに匹敵するほどの「水の都」だったことを示して注目された**陣内秀信『東京の空間人類学』**（85年、筑摩書房）の続編が2020年**『水都　東京』**（ちくま新書）として刊行されたのもこの動きのひとつだろう。

また、**吉見俊哉『東京裏返し』**（2020年、集英社新書）は「地形こそが…、東京を欧米の都市とは異なるものにしてきた最大のポイント」と述べ、地形をはじめ、その土地その土地に埋め込まれた時間の層に注目する。そして高度経済成長によって否定された路面電車の復活、高速道路の全面撤去などによって、「都市を人間のためのものに取り返す」ことを提案している（以上第3章3も参照）。

▼〝水系史観〟の源流

こうした「地形本」の〝源流〟のようなポジションにあると思われる書物がある。1978年刊の**鈴木理生『江戸の川・東京の川』**（日本放送出版協会）がそれだ。この本の眼目は、なんといっても〝水系史観〟とでもいうべき視点だろう。

江戸という都市の原型は、広義の利根川水系（利根川、荒川とその支流）の働きによって形成された、この考えが前提となっている。江戸には利根川水系のほかに多摩川水系もある。この〝流れ〟が武蔵野台地一帯の関東ローム層（水を透しやすい赤土）とその下の岩盤の間に潜りこみ、巨大な〝水タンク〟を形成している。それが湧水となって流れ出たものが石神井川や神田川といった中小河川であり、それがやがて大きい水系に合流する。井の頭池や石神井池といった武蔵野各地にある池は、そうした湧水の〝出口〟だ。

中世から近世にかけて江戸を牛耳ってきた支配者たちは、たえずこれらの川をいじり、交通網を整え、商業的、あるいは軍事的に力（権力）を蓄えてきた。

江戸の初代支配者と目される江戸太郎重長（12世紀）⇓関東騒乱期（1349〜1564）に江戸城をつくった太田道灌⇓北条氏⇓そして家康以降の徳川政権といった江戸支配者たちの「流れ」は、水の流れと密接に連関している。水系を追っていくと、「江戸」はもちろんさまざまな歴史がみえてくる。……水系史観のゆえんである。

明治維新以降の近代化のなかで河川が廃れていった過程も描かれている。水運や動力としての「水」は、明治中期までは廃れていなかったものの、近代化の進展とともに鉄道網や蒸気機関に置き換えられていった。明治政府は「湊」による水上運輸から鉄道中心の陸上運輸へと切り替える政策を進めた。

治水の思想も変わった。森林を荒らさず水源地を大切にする「治山・砂防」の発想から、洪水は堤防で防ぐという発想に転換された。これは「洪水―堤防の嵩上げ」の繰り返しという悪循環を招き、「河岸の消滅」をもたらした（同書p213）。また近代的道路をつくるためには、小さな谷や川は埋められなければならなかった。そして太平洋戦争による破壊と高度成長期の汚染と開発による「川の死」。

最終項目に「川の再認識」とあるが、この本が出た78年当時、東京の大小の河川はほとんど「どぶ川」同然だったと記憶している。現在のような「水」への関心は薄かった。「昭和レトロ」とはこういう時代だったということは、認識していたほうがいいだろう。

▼新羅郡＝新座郡

『江戸の川・東京の川』には、ひばりが丘周辺にとって興味深い記述もある。

時代は7世紀後半にさかのぼる。この時代、ヤマト政権は大化の改新を経て律令制度を整備し、その勢力を拡大していた東国に「武蔵国」を創設した。さらには、中国＝唐と高句麗、百済、新羅などの朝鮮半島の流動する国際政治情勢を反映して、武蔵国に渡来人を移住させ、７１６年に高麗郡を、７５８年には新羅郡を設置している。この「新羅郡」は、現在の「埼玉県新座市・和光市・朝霞市・志木市」にあたる。

《ヤマト政権が、当時の先進文化人であった朝鮮系渡来人を辺境「東国」の武蔵に配置した理由の一端は、「夷」ならぬ自己の持つ最精鋭部隊（渡来人）をもって「夷」（ヤマト政権とは文化の違う「東国」のひとびと）を制するといった感覚においての配置だったのであろう。》（p55）

そうした渡来系のひとびとは、太平洋づたいに「東国」武蔵に入り、荒川河口から内陸部に進出していった、と想像されている（このルートは太平洋づたいとは限らないようだ）。もちろん「新羅郡＝新座郡」には荒川の支流である黒目川や白子川、柳瀬川が流れているから、その水運を利用したに違いない。

「水」を追ってきたら、思わぬ歴史に出合った。

新羅郡の中心は和光市の「新倉」あたりかという推察もあるようだが、はっきりわかっていない。いずれにしても「新座」が、新羅人の里と関係があったことは確かだ。武蔵国に新羅郡があったということは、現在でいえば、「埼玉県に韓国市ができたと同じような位置づけ」になる（大東文化大学文学部・宮瀧交二教授の言葉*）。つまり、ひばりが丘周辺は、東アジアの古代史に直接つながっていることになる。こうした歴史は、もっと知られていいと思う。

*2018年11月24日、和光市教育委員会主催のシンポジウムにおける宮瀧氏の講演「武蔵国新羅郡誕生の歴史的背景について」より

3 新羅＝新座郡はなぜ武蔵国にあったのか？
――7〜8世紀東アジアの政治状況

連載の過程で詳しいコメントをいただいた。渡来系のひとびとが武蔵国にやってくるルートについて、筆者が記述した太平洋ルートだけでなく、日本海側からの経路も考えられるのではないかという指摘だった。その根拠として東久留米には4社ある氷川神社の存在を挙げ、この神社はそもそも出雲の国に由来し、その伝達の経路は日本海経由であるとされている。

筆者は素人ゆえ、その当否を判断できるわけではないが、一古代史好きからすると、おっしゃる通りだろうと思った。このことについて、もう少し考えてみたい。

▼氷川神社は出雲系

まずは「氷川神社」がポイントになる。日本海経由という話に説得力を感じるのは、日本列島をめぐる海路は、古代においては日本海がメインだったと考えられるからだ。当時の先進文化は、大陸や半島を経由し、日本海を渡ってやってきた。われわれの今日的感覚以上にその交通は盛んだったに違いない。

なので「新羅郡」が設置されるはるか前から、「出雲」の神々を信仰するひとびとが、東国に移住し（移住の理由は括弧にくくっておくとして）、「出雲系」の神社をつくったと考えることができる。

その出雲系の神社のひとつが氷川神社である。この神社は総数228社、全国どこにもある神社ではなく、旧武蔵国に集中的に存在する。その総本社は大宮市にある氷川神社で、武蔵一宮という最上級の格式、祭神はスサノオ、オオナムチ、クシナダ姫といういずれも出雲と関係が深い。「社記」には神話の時代（紀元前？）、出雲の「氷の川上」に鎮座する杵築大社（出雲大社）を移したので氷川神社となったという。こういうときに必ず参照される『新編武蔵風土記稿』（19世紀に編纂された地誌）にそう載っているらしい。出雲にあるヒカワは「簸川」「斐伊川」「肥川」が当てられ、「出雲大社」は川上にはないというヘンなところはあるものの、氷川神社が出雲と深い関わりがあるのは間違いない（以上は**近江雅和『隠された古代』**p8、1985年、彩流社による）。

▼「ひばり」周辺の氷川神社

指摘のあったように東久留米市に氷川神社は4社、新座市には5社、西東京市には2社あるようだ。いずれもその名のとおり川の近辺に存在しているように見える。なかでも東久留米市の南沢氷川神社は、平成の百名水に選ばれた「南沢湧水群」のなかにあり、水との深い関わりを感じさせる。

また、南沢氷川神社の1キロほど下流、落合川と黒目川が合流する地点の近くには神山氷川神社がある。

このなかで一番古い創建*は、新座市にある大和田氷川神社の802（延暦21）年のようだ。これは新羅郡の設置758年の後だから、氷川神社を奉ずるひとびとが新羅郡の設置以前に、新座や東久留米あたりまで来ていたことを確定させるのは難しいかもしれない。

東久留米市南沢の氷川神社

*この件はネット検索によった。大和田氷川神社の創建は、新座市教育委員会と『新編武蔵風土記稿』ともに802年となっている。南沢氷川神社の公式サイトによると創建は未詳だが、この社には在原業平伝承があるようなので、9世紀あたりかと想像される。

ただ、東国にはスサノオ、オオクニヌシという出雲系の神さまを祀る、創建は弥生時代という伝承をもつ神社は多い。たとえば、かつての武蔵国の中心、府中の大國魂神社の祭神「大國魂大神」はオオクニヌシと同神と考えられていて、この神社も出雲系である。また武蔵国には出雲系の古社が多い（一宮から六宮までのほとんどが出雲系）ことからしても、[*]「出雲の人々は、ごく早い時期、弥生時代の末ころから古墳時代にかけて、近江、大和だけでなく、遠く東国まで進出していた」とみることができよう。[**]

＊出川通『[首都圏近郊]出雲系神社探索ガイド　東日本に広がる古代出雲の世界』（２０１７年、言視舎）

＊＊岡谷公二『神社の起源と古代朝鮮』（ｐ１６７、２０１３年、平凡社新書、以下『神社の起原と…』）

▼出雲系の移動

この時代の出雲系のひとびとの「東進」について、『神社の起源と…』は興味深いことを述べている。そのルートについて、彼らは北陸から信濃に入り武蔵国に入ったのだろうと推理する。出雲と北陸は海路でつながっていたはずだし、信濃と出雲の関係は『古事記』にも出てくるほど古い。つまり「北陸から信濃へのルートが開かれていて、この地に出雲の勢力が根を張っていた」と推論する（ｐ１６９）。

さらに、出雲系のひとびとが武蔵国に展開していったのは、「鉄」を求めたのではないかと述べる。古代において鉄は農業の技術を進め、強力な武器にもなった。鉄を求めて移動した例として埼玉県児玉郡神川町にある金鑚(かなさな)神社を挙げている。この神社の祭神はスサノオ、つまり出雲系であり、地元の神ではない。金鑚神社周辺は金属資源が豊富で、それを求める出雲系の集団がこの地に移住し、同神社を奉じたというのである。なお、スサノオが古事記・日本書紀の神でありながら、朝鮮半島からの渡来の神であることは、ほとんど通説になっているようだ(p110)。鉄の神とする説もある。武蔵国と渡来文化とのかかわりは、こんなところに見え隠れしている。

▼7〜8世紀、東アジアの政治状況

このように、古代史の世界は深く、ほとんどミステリーだ。素人なりにこれを楽しむためにも、日本列島の動向だけではなく、中国大陸、朝鮮半島、それぞれの動向を対照しながら見ていく必要がある。その動向が当時のイナカである武蔵国に案外関係しているところが面白い。

そこで、本章2で紹介した講演*をもう一度参照したい。この講演で宮瀧交二教授は、7

世紀に武蔵国に高麗郡や新羅郡があったということは、現在でいえば「埼玉県に韓国市ができたと同じような位置づけ」になるということを述べておられる。

＊2018年11月24日、和光市教育委員会主催のシンポジウムにおける宮瀧交二教授（大東文化大学文学部）の講演「武蔵国新羅郡誕生の歴史的背景について」より

さらに、高麗郡や新羅郡設置の背景として7～8世紀の東アジアの緊迫した政治状況を挙げている。この頃朝鮮半島は、高句麗、新羅、百済の3国に分割されていた。日本列島の倭国（7世紀末律令制の確立までは「日本」ではなく「倭国」とする）の為政者は百済と親しい関係を築いていた。ところがこの百済は660年、新羅と唐の連合軍に滅ぼされてしまう。663年、旧百済軍は復興を図ろうと挙兵、これを支援するために倭国は出兵した。これが「白村江の戦い」で、倭国は手ひどい敗北を喫した。勢いづいた新羅は、668年に高句麗も滅亡させる。

この動乱の結果、百済や高句麗から、さらには新羅からも数多くひとびとが倭国に移住してきた。倭国の政権はこうした事態を受け入れ、国家的な意図をもって渡来人を武蔵国に移住させた。＊

＊この移住については『日本書紀』や『続日本紀』に記載されているようだ。『日本書紀』の編纂には、白村江の戦いでの敗北後渡来した百済系の人が多数関与しているので、「新羅敵視観」が強いとする説がある（『神社の起原と…』p40）。

▼なぜ武蔵国に高句麗郡や新羅郡が？

では、どのような意図かというと、宮瀧交二教授はそれを「日本型の中華思想」と呼ぶ。7～8世紀、隋や唐が東アジアの盟主として冊封体制をつくり、自らを中心とする「中華思想」をもって周辺諸国に臨んでいたことはよく知られている。このミニチュア版の中華思想を、倭の権力者はもっていたという。国内を同心円的に中心部と周辺部に分け、その外側には野蛮な国「隼人」や「蝦夷」があるという発想である。百済や高句麗、それを滅ぼした新羅も蛮国（野蛮な国）扱いとなる。東国という周辺部に高麗郡（716年）・新羅郡（758年）を置いた。仏教伝来（538年）も百済からだったように親交のあった百済郡は大坂の摂津に設置（664年）した。つまり、天皇は慈悲深い心で、滅んでしまった百済や高句麗や、新羅のひとびとの面倒までみている、アジアのナンバー2は自分たち＝倭国なのだ、ということを唐にアピールしたというわけだ。これが高麗郡・新羅郡が武蔵国に設置されたひとつの理由だと考えられる。

なお、高麗郡から新羅郡の設置まで40年の差があることについては、新羅はそのとき現存する国家なので、新羅郡設置はやりすぎではないかという躊躇があったためと推察している。

なにはともあれ、7世紀の武蔵国は東アジアの国際状況と密接につながっていたことは間違いなさそうだ。

こうした異国を野蛮として見下す偏狭なナショナリズムは、幕末の尊王攘夷思想につながっていく。「ヘイトスピーチ」も同根だ。もっとも〝本家〟はもっとえげつない。最近の中国には「東北工程」という歴史再考事業があって、高句麗を独立国とみず、中国の出先機関だったと考えているらしい。その一環で「キムチを中国文化扱い」し、韓国から猛反発を受けていることを読んだ（東京新聞、２０２１年６月７日夕刊）。

古今東西、国家にはそういう〝性癖〟があるのは間違いないと思っている。

４　深大寺といえば蕎麦、ではなく
――国宝「白鳳仏」の謎解き

▼かなり変わった本

貴田正子著『深大寺の白鳳仏――武蔵野にもたらされた奇跡の国宝』（２０２１年、春秋社）は、かなり変わった本だと思う。

著者は元新聞記者のノンフィクション作家。なので取材を得意としている。本書も取材によって歴史ミステリーの謎を解く、というスタイルをとる。

「白鳳仏」とは何か（いまから１３００年以上前、飛鳥時代後期につくられた仏像）から始まり、なかでも奈良・新薬師寺の「香薬師如来立像」、東京・深大寺「釈迦如来倚像」、奈良・法隆寺「夢違観音像」は「白鳳三仏」と呼ばれ、著者はこの三仏に強く惹かれているると語っている。

三仏ともに「国宝」なのだが、新薬師寺の「香薬師如来立像」だけは「旧国宝＝現在重要文化財」となっている。なぜかというと、この仏像はもともと国宝だったものの、三度盗難に遭いほとんどが行方不明になっているからだ（「ほとんど」に傍点をした理由は後で述べる）。

この三仏は成立から今日にいたるまでいろいろな謎を秘めていて、本書はそうした謎について、あるときは仮説を立てながら推理していく。その推理過程の試行錯誤まで記述しているのが特徴といえる。

まず、この三仏は畿内の同一工房の作で、近い時期に制作された可能性が高いことが示される。つまり、深大寺の像は武蔵国で作られたのではなく、当時の中央からやってきた、ということになる。

そして、新薬師寺の「香薬師如来立像」について。この像はいまだに行方不明のままだが、盗難を免れた右手だけが紆余曲折の末発見され、現在、その右手は新薬師寺に戻った。仏像の探索には著者も関わり、その経緯は同じ著者の『**香薬師像の右手**』（講談社）にまとめられた。

『深大寺の白鳳仏』書影

さて、ここからがこの本の謎解きの本番となる。

メインテーマは、なぜ国宝の仏像が、中央から遠く離れた武蔵野の深大寺にある（移された）のか、である。

その結論を紹介すると、歴史ミステリーである本書のネタバレどころか、核心をかすめとってしまうので、遠慮したい。

この本のおもしろいところは、前述のとおり試行錯誤の舞台裏まで公開しているところにある。推論の過程もさることながら、先の「右手」発見では、著者の夫が謎解きの手助けをしたかと思えば、のちに離婚したエピソードまで挟み込まれている。なんとまあ、正直な。また、仏像愛がハンパない。像に敬語を使っているのは、信仰がある人は当然として仏像ファンにとっても当然のことなのだろう。「仏」は「物ブツ」ではないのだ。

▼高倉（高麗）福信

ここでは、武蔵野に関係の深い深大寺の由来に限定して謎解きを紹介したい。

キーパーソンは高倉福信という奈良時代の高官。渡来系である。この人物が中央と深大寺をつなぐ役割を果たしていて、全体のテーマにも大いに関与する。

この高官の業績がすごい。756年に武蔵守という役職に就くと、もたもたしていた武蔵国分寺の造営を翌年に完成させた。７５８年、武蔵国に帰化した新羅僧ら74人を移住させ「新羅郡」を置いたのもこの人物だ。二度目に武蔵守になったときには、武蔵国の東山道から東海道への移管もおこなっている（７７１年）。

福信は７８９年に80歳で没するまで、聖武－孝謙－淳仁－称徳－光仁－桓武という６代の天皇に仕えた。この間、「橘奈良麻呂の変」「藤原仲麻呂の乱」「道鏡事件」など政変がたびたび起こっているが、一度も失脚していない。立ち回りのうまさも際立っている。

もともと福信は７０９年、武蔵国「高麗郡」の生まれ。祖父福徳は高句麗王の後裔にあたり、高句麗が唐・新羅によって滅ぼされたとき（６６８年）、日本に亡命してきた。つまり、福信は草深い田舎出身の渡来三世ということになる。「相撲人」＝力士として認められたのが出世のきっかけだったようだ。それが政府高官に登りつめたというわけだから、大変な出世である。晩年には渡来系という出自がわかる「高麗朝臣」から、願い出て「高倉朝臣」に改姓している。ここに微妙なものを感じないでもない。

６４５年の「大化の改新」というクーデター以降、ヤマト政権は律令制度を採り入れ、「日本」という国家の体裁を整えていく。同時に中国大陸と朝鮮半島の政治状況の影響をもろに受けている。「渡来人」や福信の祖父福徳のように「帰化」した人たちの地位はどういうものだったのだろう。知識人や技術者として厚遇されたのだろうか？　今日のような「差別」はなかったのか？　興味深いところだが、深大寺の由来に移ろう。

▼深大寺の創建は？

深大寺というと「深大寺蕎麦《そば》」が有名で、地名にもなっているが、立派な天台宗の寺が存在している。８世紀の開創、都内では浅草の浅草寺に次ぐ古刹だ。

深大寺の『真名縁起』によると、寺を開いたのは満功（まんくう）上人。著者はこの満功上人を、先の渡来系福信の一族ではないかと推定する。

福信の父がポイントとなる。父の名は「福光」という。著者はこの人物を、先の縁起に出てくる「福満」に同定する。福満は「ふくみつ」と読めるからだ。

この福満（福光）が若いころ、狛江（ここも高句麗と縁が深い）の娘に手をつけ、子どもを産ませた。この子が満功上人となり、深大寺を創建する、というストーリーが描けるというのである。つまり満功上人と福信は異母兄弟であり（少なくとも渡来系の一族「p202」）、深大寺と中央をむすぶ太いパイプはここにあるというわけだ。そしてこれが、白鳳仏が深大寺にもたらされた背景となっている。

もうひとつこの本独自の見解がある。深大寺の創建年についてだ。二説ある。ひとつは、先の文献『真名縁起』（江戸時代の文献）の説をとって733年とするもの。深大寺の公式サイトほか、素人目にはこちらが定説のように見える。しかし、同書は『私案抄』という『真名縁起』より古く、室町時代に書かれた文献のほうが信頼性が高いとして、762年説を採用している。というのも、そうしないと満功上人が深大寺を創建した年齢が若すぎるのだ。このことも、正直に書いているところが面白い。

通説がやがてひっくり返されるのか、そのへんは、今後の歴史が判断する、ということになるのではないか。

▼『比（なら）ぶ者なき』藤原不比等の物語

さて、先の高倉（高麗）福信の出世物語をたどっていて、どこかで似た話を読んだのを思い出した。2020年に文庫になったので読んだ**馳星周**の『**比**《なら》**ぶ者なき**』（中公文庫）である。

主人公は藤原不比等。時代的に「白鳳仏」と重なる歴史小説だ。信頼している読書人がこの作品を推していたので、1996年歌舞伎町を舞台としたハードボイルド小説『不夜城』で小説デビューした馳が「なぜ古代史?・」と思いながら読んだ。

なぜ古代史なのかはわからなかったが、面白かった。活劇はない。淡々と出来事が刻まれていくのだが、政治劇なのだ。権力内の争いはドラマになる。かつては『自民党戦国史』（伊藤昌哉）なんていう本もあったが、「戦記・歴史小説・ヤクザもの」から活劇を引いた「ビジネスもの」に近いテイストといったらいいだろうか。

不比等がなしたのは、『日本書紀』を編纂させ、「高天原」「天孫降臨」「万世一系」という天皇の神話＝物語をつくり、天皇を神にすること。その物語を支配の核としたことだ。また、度重なる政変のなかで一度も失脚せずに出世を遂げ、天皇家の外戚になり、藤原家の永続を図ったというのが、この小説が説くところになろうか（この小説の歴史的なベースは、歴史学者・大山誠一説であることが、付録のマンガ家・里中満智子との対談で明かされている）。

武蔵国出身の福信の話は、藤原不比等のミニチュア版のように思えた。

もうひとつ、この小説が『深大寺の白鳳仏』と直接関係する部分がある。

不比等は、天皇側近の女性・橘三千代を強引に妻にする。いまでいう「略奪婚」だが、小説では三千代は有能なパートナーとして最後まで登場している。不比等は、三千代との間にできた娘を聖武天皇（自分の孫）に嫁がせ皇后にする。これが光明皇后なのだが、こ

深大寺の本堂

の皇后が例の白鳳仏とも深く関わっている。それだけではなく光明皇后は夫の聖武天皇とともに、件の福信を寵愛していた、というのが『深大寺の白鳳仏』の見解なのである。

ここが、白鳳仏が武蔵国にもたらされたポイントなのだが、これ以上は本を読んでいただこう。

▼まさに観光地

ここまで書いて、やはり深大寺を訪ねてみようと思った。晩秋の休日の午後、境内の前を横切るかたちの「深大寺通り」にはいると、一瞬地方の名所にいるような気になった。「東京」の風景ではないのだ。

紅葉の季節、七五三、コロナが一段落していることもあり、寺と蕎麦屋が建ち並ぶその周辺は、かなりの人でにぎわっている。なるほどここに行けば、ちょっとした旅行気分になれる。『江戸名所図会』に載るだけのことはある。昔も現在も、この地が田舎風の「観光地」であることを実感した。

ちょうどこの日は、深大寺が２０５年ぶりに「元三大師像」の胎内仏だった「鬼大師像」を公開する期間にあたっていた。この仏像は鬼の姿をしていて、コロナ禍の終息を願っての公開ということで、境内は猛烈な行列ができていた。

筆者はこの行列に恐れをなし、そそくさと退散したのであった。

5 石神井と豊島氏からたどる〝江戸〟以前の武蔵野

――武蔵野の城ものがたり

まだ試したことはないのだが、西武池袋線とあまり縁のない人に「石神井」という地名を見せると、どれくらいの人が「しゃくじい」と読むだろうか。案外難読地名かもしれない。ここではその「石神井」と、第1章の6でもふれた「石神井川」をめぐるあれこれについて探ってみたい。

▼「石神」信仰

「石神井」の「石神」は、「いしがみ」とも「しゃくじん」とも読む。この文字からして変わった石などを神さまとして崇める古代からの信仰と関係がありそうだ。石神井公園駅の北側に創建年代不詳の石神井神社がある。地名の由来はこの神社にあるといわれている。そのものズバリの名前なので意外なことはない。ただ、いくつか説もあるようなので、この先の「謎解き」は、石神井川流域を散歩コースのように紹介するパートがある『**東京「消**

えた山」発掘散歩』（川副秀樹、２０１２年、言視舎）の助けを借りて進めることにする。

同書が引用する『新編武蔵風土記稿』によると、三宝寺池から出た「石剣」が石神井神社のご神体になったという。また『江戸名所図会』は、むかしむかし、村人が井戸を掘っていると変わった石が出てきた、それは「石剣」だったのでそれを石神として奉った、と説明しているようだ。

なにしろ大雑把な年代すらわからないので、確かなことはいえないが、かなり古い自然信仰がベースになった地名ということになる。

同書はこの先が面白い。それでは「石剣」はどこにあるのか、調査しているのだ。石神井公園にある「石神井公園ふるさと文化館」や「石神井氷川神社」で尋ねると、石神井神社に保存されているはず、とのこと。そこで著者は石神井神社を直撃する。

《練馬区教育委員会の解説板には「…石剣もまた本殿の奥深く御神体として奉祀されております」と書いてあるのでさっそく…が、「さあ…」と首を傾げて神社の方は気まずそうな顔をされた。とうの昔にその石剣はなくなっているのだ。》（ｐ74）

まあ、いつの時代かもわからないので、無理からぬことではあるが、「解説板」はなに？とツッコミたい気分もなくはない。そもそも三宝寺池から出た石剣が、なぜかなり離れた神社の神体になったのだろうか。もっというと、三宝寺池は武蔵野三大湧水*とされるくらいだから、自然信仰を生む条件はそろっている。ここに地名の由来となった神社があるとそれらしい物語ができそうだが、そう都合良くはいかない。この謎についてはお手上げである（三宝寺池近くの石神井氷川神社の創建は室町期らしい。この時期すでに「石神井」という地名があるので、地名の由来はもっと昔と想像される。よって、氷川神社に神体がないのは理解できる）。

*ほかの2つは、井の頭池と善福寺池。どちらも江戸・東京にとって重要な神田川と善福寺川の源流となっている。

▼石神井川はどこからどこまで？

もうひとつ気にかかっていたことがある。なぜ石神井川の水源は石神井ではなく、小平市の「小金井カントリー倶楽部」内の湧き水となっているのか。これは一級河川の起点がそうなっているから、現在はそのように定義づけられているということなのだろう。しかし、石神井より西は違う名前で呼ばれていた時代があったという説もあるようだ。この説はいつのことなのかわからないし、典拠もないものの、石神井川の下流は「滝野川渓谷」「音無渓谷」とも呼ばれているところもある。上流に異名があっても不思議ではないだろう。

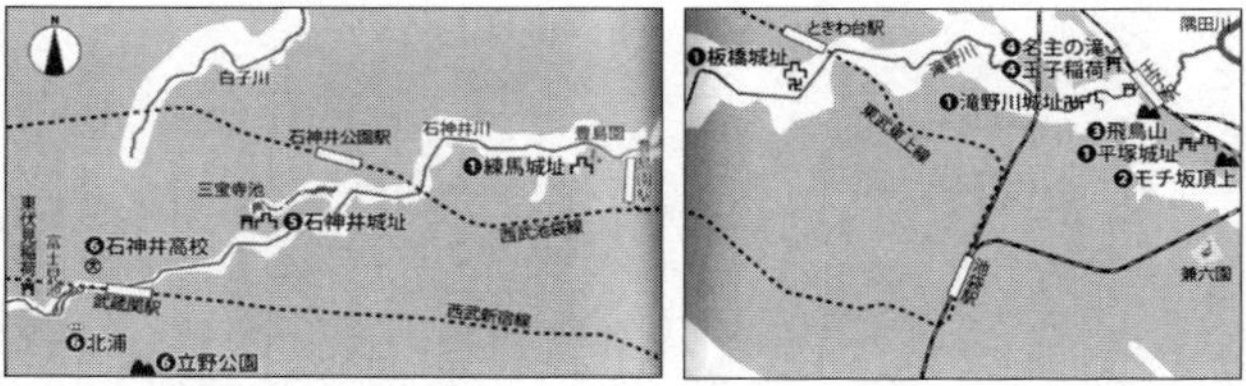

地図は『東京「消えた山」発掘散歩』より

　ともあれ現在の石神井川は、水源を出てすぐ小金井公園脇を通り、西東京市を流れ、武蔵関近くの富士見池、三宝寺池と石神井池の水を合流させ、豊島園を通り、板橋から王子駅の下をくぐって隅田川に注いでいる。

　本来、石神井川は隅田川方向ではなく南に流れ、不忍池（縄文海進時の入り江だった名残）まで流れていた。これが現在のように隅田川に流れるようになったのはなぜか。地元の北区は、専門家のボーリング調査の結果、縄文期の自然掘削説をとっている。しかし異論もある。石神井川は中世期、人為的に流れを変えられ、隅田川に流れるような工事がなされた、という説である。これを唱えるのは、本章２でも紹介した『**江戸の川・東京の川**』の**鈴木理生**だ。鈴木はこの〝工事〟をおこなったのは豊島氏である可能性を述べ、そうであるならば、それは「石神井川上流と下町低地を結ぶ灌漑水路の開発の結果」ではないかと推察している*（p93）。

＊鈴木はその後の著作『江戸・東京の川と水辺の事典』（２００３年、柏書房）でも、北区の説を紹介しながらも、人為説を展開しているようだ。

これらの説について、正否等は筆者には判断できない。しかし、先に挙げた地図をもう一度ご覧いただきたい。豊島氏が石神井川沿いにこれだけの城を設け、自らの拠点を強化しているところを見ると、豊島氏と石神井川との深い関係を読み取っても間違いはあるまい。

▼江戸氏をはじめとする秩父平氏の一族

さて、ここからは今回の主役ともいうべき豊島氏の出番、といきたいところだが、その前に、徳川家康が江戸城に入るまでの、武蔵国における複雑に絡み合った支配層の騒乱について述べたい。登場人物が多すぎてかなりややこしいので、大胆に端折らせていただいた。情緒的にいうと、地方の豪族が大きな権力にいいように使われ、やがて潰されるという悲哀の物語ということになる。

＊この項目の執筆にあたっては、**平野勝『むさしの城ものがたり』**（２００５～07年東京新聞に連載、前編・後編の

小冊子となったが、現在は入手困難）、**児玉幸多・杉山博『東京都の歴史』**（２版１９９１年、山川出版社、現在新版が出ている）を参照した。

豊島氏は秩父平氏の流れをひく武士の一族である。鎌倉期の12世紀、豊島氏は先に見た石神井川沿岸、現在の豊島区、練馬区あたりの領主となったと推定されている。

秩父平氏というのは、平安時代、武蔵野国に誕生した武士団のひとつ。秩父平氏には、豊島氏のほかに、江戸氏（江戸城をつくる）、渋谷氏（渋谷城！が拠点）、小山田氏（町田市）、河越氏（埼玉県川越市）、畠山氏（埼玉県深谷市）など、どことなく地名を想起させる一族がいた。

秩父平氏一族は、源頼朝による鎌倉幕府創設に貢献したようだが、このうち畠山氏、小山田氏、渋谷氏は、執権北条時政の策謀によって滅ぼされている。

一方、12世紀に江戸城を開いた江戸氏は、秩父平氏一族の棟梁と称される。

南北朝時代に入ると、江戸氏は親戚筋の河越氏らとともに同族集団「平一揆」を形成し、足利尊氏に従い、室町幕府成立に貢献した。足利尊氏・直義兄弟の対決（観応の擾乱）でも尊氏に与した。しかし、その後の過程で、鎌倉公方に対する不満を募らせ、平一揆の乱*

を起こす（1368年）。これは関東管領・上杉憲顕らによって鎮圧されてしまい、この後、江戸氏・河越氏は衰亡していくことになった。

＊この乱には豊島氏も参加したが、致命的なマイナスとはならないように立ち回ったようだ。

▼争乱のなか太田道灌の役割

室町時代中期、京都で応仁の乱が始まった1467年前後、関東も争いの連続だった。関東北部の古河を拠点にし、足利成氏が「古河公方」を名乗る（これで「公方」は二つに分裂）。そして関東管領職を独占することとなった山内上杉氏、扇谷（おおぎがやつ）上杉氏の両上杉氏が加わり、それぞれがヘゲモニー争いを繰り返している。ここに地元の豪族が絡み、争いは長く続いた。

太田道灌は扇谷上杉氏の家宰（家老）で、1457年に江戸城をつくった（つまりは改築）ことで有名。有楽町時代の都庁には銅像があった。築城の名手でもあったようで、古河公方に対抗するため、江戸城のほか岩付（岩槻）城、河越（川越）城も彼が築いたといわれている。

もうひとつの上杉家、関東管領山内上杉顕定の家宰になるはずだった長尾景春が問題を起こす。景春も知略に優れていたそうだが、それが逆に禍いして主家の不興をかい、家宰になれなかった。それに不満をもった景春は、敵の敵は味方ということか、主家が対立している古河公方・足利成氏と組み、さらには武蔵・相模の豪族の一部を巻き込み、主家＋扇谷上杉氏に反旗を翻した。１４７６年のことである。これは文明８年で、武蔵野全域を巻き込む「文明の乱」といわれる（『むさしの城ものがたり』による）。

このとき、豊島氏や八王子の大石氏などは景春側につき、世田谷の吉良氏、青梅の三田氏などは道灌側についている。

▼江古田も石神井も戦場だった

ここでやっと石神井川周辺に拠った豊島氏に戻る。なぜ豊島氏は太田道灌と戦うことになったのか。もともと領地をめぐる遺恨もあったようだが、それ以上に豊島氏がこの長尾景春の反乱に便乗して起死回生を図ろうとした、とみるむきもある。**『決戦――豊島一族と太田道灌の闘い』**（**葛城明彦**、改訂新版２０１２年、ブイツーソリューション）は次のように述べている。

「道灌の江戸築城以後、全くのジリ貧状態にあった」豊島氏は、「道灌を倒し、（景春の反乱を）勢力を挽回するための最後のチャンス」ととらえていた。「豊島一族は名家としての誇

りと意地を賭け、道灌と敵対する道を選択した」。（p49）

この選択は凶と出たようだ。

景春が挙兵したとき、道灌は駿河に〝出張中〟だった。ただ、前々からこの事態を読んでいたと思われる道灌は素早く対応、駿河から戻ると、1477年4月江古田原（中野区、哲学堂公園あたり）で豊島泰経（やすつね）・泰明（やすあき）兄弟と対決した。

結果は豊島氏の惨敗。弟の泰明は戦死、兄泰経は居城の石神井城に逃げ戻った。道灌は石神井城を包囲し、城はあっけなく落城した。泰経は逃亡、翌年平塚城で再起を図るが失敗、その後のゆくえはわかっていない。

このようにして豊島氏は滅亡した。なお石神井落城の際、城主とその娘の照姫が三宝寺池に入水したというのは、後世の創作らしい。「照姫の塚」は「三宝寺六代定宥上人の埋葬塚」とのこと（『決戦』P84）。

その後、道灌は景春討伐に向かう。その追及は執拗だったが、景春はなんとか古河公方のもとに逃げ込み、1514年71歳で没した。

太田道灌はこのように戦上手で、教養人でもあったが、その有り余る才能を疎まれたの

石神井城跡周辺

か、１４８６年、主家上杉定正によって謀殺されてしまう。55歳だった。
　こういう愚か者が栄えるわけがない。扇谷上杉家は１５４６年、河越夜戦で10分の１の兵力の北条氏康らに敗れ、滅んでいる。
　やがて、この地域の支配層は、後北条氏、徳川氏と移り変わっていった。

6 玉川上水の「玉川兄弟」はいなかった?

——玉川上水の不思議

書評で『**武蔵野マイウェイ**』（2021年、冬青社）という本を見つけた。著者は『モダン都市東京　日本の一九二〇年代』など、ユニークな都市文化論で知られた**海野弘**。本章2で取り上げた陣内秀信が時を経て、郊外論を加え『東京の空間人類学』の続編を書いたように、海野弘も〝郊外〟なのかしらんと思いながら、読んでみた。

▼武蔵野の南北

もっとも書評を読んでいるから、肩肘張った郊外論ではないことはわかっていた。でも想像以上に〝散歩本〟だった。これは悪い意味ではない。「なるほど武蔵野だよな」と感じさせるさまざまな土地を気ままかつ精力的に歩きまわり、神社や寺、図書館、古書店、林、川、喫茶店……いろいろな場所との〝対話〟を楽しんでいる。著者は、武蔵野の魅力は歩いて感じるべし、と考えていたに違いない。

国木田独歩の『武蔵野』にインスパイアされて武蔵野を歩くようになったと書かれている。どこが散歩のスタートの地かというと府中である。武蔵国の中心からという意味もあるのではと思った。散歩の中心は、府中周辺や甲州街道、武蔵野（国分寺）崖線に沿ったあたり、つまり**大岡昇平**の『**武蔵野夫人**』で有名になった〈ハケ（崖）の道〉周辺から多摩川、玉川上水、さらには中央線沿線の街となっている。私のような「北多摩」の住人からすると、「南」に偏っている感じもなくはないが、武蔵野のイメージとしてはこちらのほうが一般的だろう。もっとも「保谷の四軒寺」や「石神井公園のまわり」という項目もあり、配慮はしているぞという感じもある。

この本でも引用されている〝旅する巨人〟といわれる民俗学者・**宮本常一**『**私の日本地図⑩武蔵野・青梅**』（１９７１年、同友館）によると、《江戸幕府がひらかれるまでは、武蔵野の道は東西に通ずるものよりも南北に通ずるものの方が重要であった。したがって古い宿場もその道にそうて見られた。府中から北へいって最初にあった宿場が恋ヶ窪であったという。そこから北へまっすぐにいって久米川の宿にいり、さらに入間川へとつづく。》（p32）

とある。武蔵野のイメージにとって「南北問題」は案外重要かもしれない。

▼狛江は高麗

ともあれ、『武蔵野マイウェイ』に戻ると、興味深い記述を見つけた。

「狛江めぐり」という項目。まず、府中の大国魂神社から調布、狛江、世田谷、六郷を通り品川の海に出るほぼ多摩川に沿った「品川道」の説明がある。「この品川道は筏道ともいうが、物資を筏に乗せて多摩川を下り、品川の海まで運んで、帰りは歩いて帰って」きたのだそうだ。似た話が武蔵国の北部にある。かつて川越は、新河岸川（清瀬や朝霞あたり）・隅田川経由で東京湾と水運でつながっていた。つまり狛江も川越も、水運で東京湾とつながっていた、という話である。

もうひとつ、北多摩あたりとの興味深いアナロジーがある。

《狛江という地名が興味をそそる。はっきりしていないが、コマは高麗《こま》からきていて、古代朝鮮の高句麗の人々がここに移住してきたのでコマエ（コマのいる所）となったのではないか、といわれている。》（p30）

前にもふれた武蔵国における、古代朝鮮からの渡来人の伝承がここにもある、ということだ。ただ、海野氏は「亀塚古墳」が関係あるかもしれないことをほのめかす程度で、この件について深入りしていない。そこで狛江市のホームページをのぞいてみた。

狛江の古墳の多くは、5世紀半ばから6世紀半ばに集中して造られている。亀塚古墳の出土品のうち、「金銅製金具に見られる人物や動物の像が、高句麗の古墳石室内の壁画に類似している」ことから、古墳築造の文化の伝播に、渡来人がかかわっていた可能性が記されている。武蔵国の「高麗郡」が埼玉県の日高市あたりに設置されたのは8世紀だから、狛江の高句麗からの渡来人はそれよりも早いことになる。

同ホームページは「狛江への…伝播の流れは定かではありません。古墳築造の文化は、畿内から北武蔵を経由して南武蔵へ伝播し、多摩川をさかのぼるようにして広まったものと考えられます」（傍点は引用者）と書き、同市の多摩川とのつながりの深さを強調しているようにみえる。北から南へ、それから西？　すると傍点部の「南武蔵」は多摩川河口あたりを指すのだろうか。

▼玉川兄弟はいなかった？

さて、海野氏の武蔵散歩は続き、玉川上水に沿って歩くことになる。現在の玉川上水の水は、西武拝島線「玉川上水駅」近くの「東京都水道局小平監視所」まで流れてきて、そこから東村山浄水場に送られる。現在の玉川上水の下流は下水処理場からの水である。つまり上流と下流では違う水が流れていることが述べられている（p104）。

これについては、さもありなん、と思った（東京都水道局のホームページにもその旨述べられている）が、筆者にとっては驚きの記述があった。

《調べてみると…そもそも玉川兄弟などというものはいなかったのである。庄右衛門、清右衛門という二人の町人が工事計画を請け負ったと伝えられている。そして成功したので、玉川の姓をもらったという。つまり玉川兄弟がやったのではなく、あとで玉川と呼ばれたわけだ。／この二人が本当の兄弟であったかどうかもわからないし、さらには、実在したかどうかもはっきりしない。伝えられているのは、玉川家の子孫が、先祖の玉川兄弟が玉川上水をつくったといっているだけのことだ。幕府の記録には残っていないという。》（p100 傍点は引用者、出典の記載なし）

▼**通説**

これはかなり大胆な断定ではないだろうか。筆者はこれまで、玉川上水は玉川兄弟がつくったと思っていた。その工事は苦難の連続で、それを乗り越えての完成だったという物語も記憶していた。

多摩川からの取水口がある羽村市は、「兄弟」の銅像までつくってその「偉業」をたたえている。羽村市の公式サイト**「羽村市郷土博物館」**にはこうある。

《玉川上水は、庄右衛門と清右衛門という兄弟の立てた計画を幕府が認め、６０００両の資金を与えて工事を行わせました。途中でお金が足りなくなり、２人は自分たちの家を売って工事の費用に充てて上水を完成させたと、後に２人の子孫が残した記録に出ています。（中略）玉川上水の完成により、町人だった庄右衛門と清右衛門は「玉川」という姓をもらい、上水の管理の仕事を任されました。玉川家による上水の管理は、江戸時代の中ごろまで続きました。》

東京都水道局のサイトも「玉川兄弟説」を採っている。

また、玉川上水を細かく歩く『**玉川上水　武蔵野　ふしぎ散歩　狭山丘陵から新宿までの７コース**』（**福田恵一・飯田満**、２０１１年、農文協）の冒頭にも「玉川兄弟が、江戸の町の飲み水を確保するために玉川上水を開削します」とある。ただ、「玉川上水をつくった当時の記録は、ほとんど残っていません。玉川兄弟の事績は、玉川上水が完成した一六五四（承応三）年から一〇〇年以上たった一七九一（寛政三）年に、幕府の普請方、石野広道（通）によって書かれた『上水記』などに記録されているだけ」と断り書きがついている（p42）。

余談だが、この本には、玉川上水があたかも崖を上るように、いくつもの段丘面を越えて武蔵野台地の最上面に導かれ、江戸城まで流れる仕組みが説明されている。「さぞかし大変だったんだろうな」と思いつつ、江戸期の土木技術に感心する。この困難さが〃伝説〃を形成させたのかもしれない。

▼「よからぬ振る舞い、ありしかば」

ただ、「通説」については、よく読むと保留がついている例もあることがわかった。この本章2で紹介した『**日本史の謎は「地形」で解ける**』（**竹村公太郎**）では、「(玉川上水は）玉川兄弟の力で完成したという話はともかく」（p213）という書き方をしている。本章1で紹介した『**川の地図辞典**』（**菅原健二**）も「庄右衛門と清右衛門」が工事を請け負ったとあるが、二人を兄弟とはしていない。つまり、「兄弟」については伝説である可能性が考えられる。

では、この二人は海野氏のいうように実在しないのだろうか？

武蔵国の地誌としてしばしば引用される『新編武蔵風土記稿』には、「玉川上水起点（羽村取水堰）」についての記載があるようだ。東京の地誌に詳しいサイト「猫の足あと」から孫引きさせていただく。

《多磨川／村（羽村）の中央を西より南へ流る、當村江戸上水の引分口なれば水門を置、二派にわかてり、（中略）

その比の功（多磨川［玉川］上水をつくった功）をおこせしものは、清右衛門・庄右衛門とて、江戸居住のものなり／成功の後かれらを御普請役に命ぜられ（普請役になったのは工事の後ということ）、しかも多磨川を以て氏に賜ふ（玉川氏の由来）／後兩人共によからぬふるまひありしかば、罪かうむつて家絶と云／又川越の間帛の灌漑に此水を引し（野火止用水のこと）も、伊豆守信綱のときなりと。》（カッコ内は引用者注、句点と思われるところに／を入れ、傍点を付した）

「家」というところが、二人を兄弟とする（伝説の）根拠になったのかもしれない。普請役になったのは工事以後のことだし、二人はのちに悪いことをして家は断絶、せっかくもらった姓も台無しになった、というところがその出自を曖昧にしたのだろうか。

ここまで見てきて、この二人は「いなかった」と断言できる材料は見当たらないように思える。幕府の普請奉行が書いた『上水記』というのは未見だが、それは専門の方にお願いしたい。面白いのは「いた／いなかった」ということではなく、玉川上水には、「玉川兄弟」という少々胡散臭い人物をめぐる物語が必要だった、ということではないだろうか。これを今回の結語としたい。

7 太宰治はお好き？@三鷹──太宰は「ヘタレ」なのか？

先に玉川上水について書いたとき、玉川上水の三鷹あたりといえば太宰治の終焉の地であり、「太宰と三鷹」というテーマはアリだなと思っていた。ただ、あまりに有名な作家であり、作品の中身だけでなく周辺的なエピソードについても賑やかな人物なので、新発見は期待できそうにない。ご存じのことばかりだったら、御免あそばせ。

▼太宰は三鷹の作家

三鷹市は太宰治で「まちおこし」中である。「太宰治　三鷹」で検索すれば三鷹市の「太宰が生きたまち・三鷹」というサイトに簡単にたどりつく。

ここには、「太宰治文学サロン」という観光案内所みたいな場所の紹介、「太宰ゆかりの場所」ガイド、「三鷹が登場する作品」というページまである。では、「太宰と三鷹」についてはこちらをご覧ください、で終わってしまいそうだが、そうはいかない。

考えてみると太宰はかなり不思議な存在である。三鷹は、太宰が亡くなるまで住んでいた土地であり、墓もあるが、彼の亡くなり方はフツーではない。昭和23（1948）年、太宰は愛人とともに玉川上水に入水自殺したわけで、今日こういう事件が起ころうものなら、猛烈なスキャンダル報道があらゆるメディアを席捲するだろう。人気作家の不倫、おまけに太宰はそれまで心中未遂を2回起こしている。昨今の〝不倫警察〟みたいな状況がなくても、太宰の所業に眉をひそめる向きも少なくなかったはずだ。とりわけ、公の機関と相性がいいとは思えない。

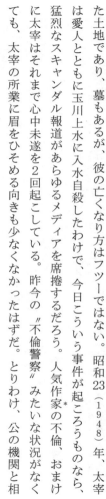

にもかかわらず、太宰は〝三鷹の作家〟になっている。太宰を地元の作家として遇しているのは津軽だけではないのだ。

＊人気はあったが、太宰の作品がベストセラーとなるのは死後だったようだ。心中事件〝効果〟により『斜陽』が大ベストセラーとなる。**猪瀬直樹『ピカレスク　太宰治伝』**「あとがき」（2000年、小学館）より。

太宰発見の報に集まった群衆

▼禅林寺

もちろん筆者は太宰の不道徳性を指弾し、それにのっかる行政もけしからん、などと言うつもりは毛頭ない。作者と思しき主人公があれこれ動き回る「私小説」であろうが、なかろうが、小説の世界はあくまでフィクションとして扱われてしかるべきだが、往々にして実生活とフィクションはごっちゃにされる。ところが、太宰についてお役所は、意外にもそれをきっちりと峻別しているようにみえる。

三鷹市も然り、文部省（文科省）も太宰の作品を教科書に採用することを是としている。筆者は中学の国語（まさか道徳じゃあないが）で『走れメロス』を、高校では『津軽』（抄録）を読んだ記憶がある。

作家の実生活の問題を一番つつきそうなお役所が太宰を評価するのは、よく考えると不思議なのだが、結果的にお役所は〝良い作品は良いのです〟としていることになる。どこか？？？が残るが、これは喜ばしいとしておこう。

インパネコート姿の太宰

ともあれ、太宰は小説の中に三鷹周辺のことを書き残している。そこで印象深いのは、自分の死とその後を予見するようなことを書いていることだ。

ひとつはお墓のこと。

《この寺（注：禅林寺）の裏には、森鷗外の墓がある。どういうわけで、鷗外の墓が、こんな東京府下の三鷹町にあるのか、私にはわからない。けれども、ここの墓地は清潔で、鷗外の文章の片影がある。私の汚い骨も、こんな小綺麗な墓地の片隅に埋められたら、死後の救いがあるかも知れないと、ひそかに甘い空想をした…》（「**花吹雪**」p88、新潮文庫『津軽通信』所収）

この短編は雑誌未発表だったようだが、ここに登場する「黄村先生」は「**黄村先生言行録**」という昭和18（1943）年の作品にも出ているので、きっとその頃の作品に違いない。

この文章があったためなのか（たぶんそうなのだろう）、太宰は亡くなった翌月、禅林寺に葬られている（ずいぶん早い）。墓碑は鷗外の墓のすぐ近くにあり、ここで毎年太宰を偲ぶ「桜桃忌」が営まれている。

▼玉川上水

もうひとつは「玉川上水」だ。

じつをいうと、本章6で玉川上水にふれたとき、**海野弘**『**武蔵野マイウェイ**』（冬青社）がこのエピソードを紹介していたのだが、そのときはスルーした。

『新ハムレット』（新潮文庫）に「**乞食学生**」という短編が収載されている。ここに三鷹あたりでは「人喰い川」と呼ばれた玉川上水が出てくる。

《この辺りで、むかし松本訓導という優しい先生が、教え子を救おうとして、かえって自分が溺死なされた。川幅は、こんなに狭いが、ひどく深く、流れの力も強いという話である。》（p87）

《人喰い川を、真白い全裸の少年が泳いでいる。いや、押し流されている。…わあ寒い、寒いなあ、と言い私のほうを振り向き振り向き、みるみる下流に押し流されて行った。私は、わけもわからず走り出した。…私は、泳げないが、でも、見ているわけにはいかぬ。私は、いつ死んだって、惜しくないからである。…死所を得たというものかも知れぬ、などと、非論理的な愚鈍の事を、きれぎれに考えながら…》（p87、88）

これは昭和15（1940）年に発表されている。当時太宰は三鷹に住んでいて、戦中の疎開を経て敗戦後にこの地に戻るのだが、昭和23年、引用したあたりの玉川上水に入水した、という因縁話なのである。

「全裸の少年」が玉川上水を泳いでいたのは四月という設定。この「少年」が減らず口を叩いたり、急にしおれたりするものだから、まさに主人公「私」の投影、モノローグの劇、ありえねぇ観念小説だ、と先日何十年ぶりに読んで早合点した。ところがこのたびもう一度ゆっくり読み直したら、浅薄な読みだったと反省した。太宰の作品は、こういうことがあるからこわい。

▼何度でも読める

作家である主人公の「私」(32歳)が、不出来で納得できない作品を雑誌社に送ってしまったところからこの作品は始まる。そして先の玉川上水のシーンとなり、当たり前のように水から上がっていた少年=佐伯五一郎と対面、喧嘩腰のような対話が始まる。井の頭公園の茶屋、新たな登場人物=熊本君の下宿、渋谷の食堂と場所を替えながら、ばかばかしくも聞こえるが、どこかものごとの深淵にも届いているような「やりとり」が続く。

たとえば――

《私「僕は、つまらないんだよ、そういう話は。世の中の概念でしか無い。歩けば疲れる、という話と同じ事だ。」

佐伯「君はお坊ちゃん育ちだな。人から金をもらう、つらさを知らないんだ。概念的だっていい。そんな、平凡な苦しさを君は知らないんだ。」》(p106)

という具合。あるいは、佐伯が私を連れ、熊本君の下宿を訪れた際の台詞。

《佐伯「君(熊本君)は、いつでも読まない本(洋書)を机の上にひろげて置いて、読ん

でる本（里見八犬伝）は必ず机の下に隠して置くんだね。」》（ｐ１１３）

ここに、数学者の話やら、ヴァレリーやら、フランスの無頼で放蕩の詩人フランソワ・ヴィヨン（太宰「ヴィヨンの妻」のヴィヨン、ただ本作との関係はないとの説もあり）の詩も絡んでくる。そして、私は渋谷の街で二人を前に「青春の詩」を高らかに吟ずる。「アイン、ツワイ、ドライ。」……その後「夢落ち」まである。

本作は小説というより戯曲なのだ、と思ったら腑に落ちた。しかし、なんのことはない最後の詩は「アルト・ハイデルベルヒ」というドイツの演劇作品＊からの引用であることが作中で明示されているから、太宰も演劇を意識して書いているわけである。

３人でできる芝居だ。その舞台を想像してみてたら愉快になった。ちなみに、上の引用は戯曲風にアレンジした（カッコ内は注）。

＊旧制高校の学生なら知っていて当然の作品だったようだ。西洋の古典や文学に通じていた太宰の特質をあらわした手法だということを、文庫解説の奥野健男が指摘している。

▼ヘタレな文学青年イメージ

ついでに言うと、筆者にとっての「太宰と玉川上水」は**森田童子**の歌である。森田童子

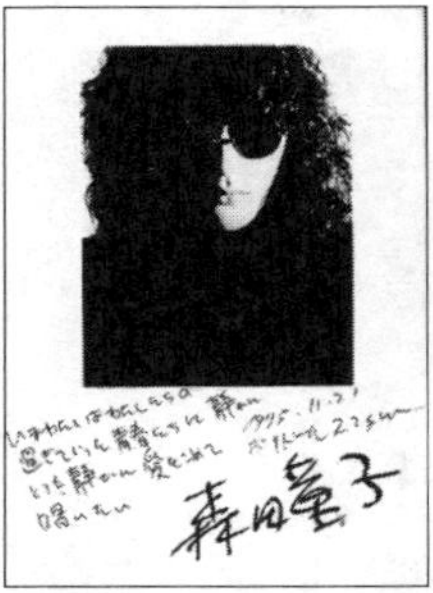

『ギター弾き語り　森田童子の世界』（国際楽譜出版社）より

は70年代、マニアックなファンに支持されたひじょうに暗〜いフォークシンガー。彼女の曲は、90年代にドラマの主題歌になって一時的にリバイバルヒットしたことがあって（「僕たちの失敗」１９７６年）、それで知っている人もいると思う（２０１８年に死去、少し話題になった）。

彼女に「まぶしい夏」という歌があり（１９７５年）、〃玉川上水沿いを歩くと君の小さなアパートがあり、…太宰の好きな君は睡眠薬を飲んだ〃という内容が歌われていた。この曲がものすごく好きだ、ということではないが、「桜桃忌」の話題を見かけたりすると、この歌が頭の隅をよぎることがある。

典型的な太宰のイメージというより、〃悩める少し病んだ文学青年〃という太宰ファンのカリカチュアが浮かんでくる。これがイヤで筆者は「太宰が好きだ」と言うのが気恥ずかしい（天につばする近親憎悪もいいところだが）。

文芸評論家の**斎藤美奈子**は、「日本の近代小説の主人公は、…内面に屈折を抱えた『ヘタレな知識人』『ヤワなインテリ』」であると断じ、「『いつまでグズグズ悩んでんのよ』とドつきたくなる」と述べている（『日本の同時代小説』ｐ５、２０１８年、岩波新書、ちなみに、この本に太宰は登場しない）。

そうだよな、と思いつつも、太宰も太宰ファンも「グズグズ悩んで」いると、だれかさんに「ドつかれ」ちゃいますよ〜、となるのだろうか。

太宰の「**ヴィヨンの妻**」には「ヘタレ」どころか、借金を重ね、料理屋の金を持ち出し、その主人夫妻に自宅にどなり込まれる、というトンデモない詩人・大谷が主役で登場する（その妻が語り手）。

当然ドつきたくなるような男なのだが、語り手の「私」は自分の夫のあまりの行状を聞いて、

《思わず、私は、噴き出しました。理由のわからない可笑しさが、ひょいとこみ上げて来たのです。あわてて口をおさえて、おかみさん（金を持ち逃げされた料理屋のおかみ）のほうを見ると、おかみさんも妙に笑ってうつむきました。》（新潮文庫版、ｐ98）

と書く。悲惨の極限では、もう、笑うしかない、ということだろうか。善悪の彼岸？

ついでに三鷹にこじつけると、井の頭公園では印象的なシーンがある。金策のあてもな

くとほうに暮れ、子どもと二人で池のほとりに来てしまった「私」。

《池のはたのこわれかかったベンチに二人ならんで腰をかけ、家から持ってきたおいもを食べさせました。…坊やは、何と思ったのか、おいもを口の中に一ぱい頬張ったまま、けけ、と妙に笑いました。わが子ながら、ほとんど阿呆の感じでした。》（p106）

いい文章でしょ。ここには、近代小説の苦悩なんてものをはるかに超えた人間の様態がある。

さきの齋藤は、現在の日本文学はヘタレ的なDNAゆえ、「その先」（＝展望）を、たとえば震災後の精神的な「その先」を示していない、「その先」を示すべきだというのだが（前掲書、p258）、「その先」といってもねぇ……。

こういうのはどうだ。「ヴィヨンの妻」の最後の一文。

《「人非人でもいいじゃないの。私たちは、生きていさえすればいいのよ」》（p122）

これ以上の「その先」はあるだろうか。

第5章

軍都　武蔵野

米軍大和田通信所

1　柳沢に原爆？
――そもそも無差別都市爆撃は国際法違反である

▼伝説は伝染しやすい

「鉄道忌避説」はかなり怪しくなっていることを第1章の3で書いた。しかし、それは常識にはなっていないらしい。2021年1月7日の東京新聞が、《JR目黒駅が目黒区ではなく品川区にあるのは、地元農民の反対によって位置がズレたため》という説があることを最終面でほぼ1ページ使い、イラスト風の古地図まで入れて記事にしていた。「真相は謎のまま」とは述べているものの、「忌避説」定番の「煙害」や「古老の話」がもっともらしく紹介されている。伝説がウイルスのように伝播していく見本のような記事だといえなくもない。伝説は知らないうちに感染《うつ》ってしまうのだ。

では、こういうのはどうだろう。

第二次大戦中、東久留米駅から中島航空金属の工場への引き込み線があったことを第1

章2で書いた。じつをいうとこれは文書を読んで知ったのではない。それを教えてくれたのは、筆者が小学校2、3年のときの担任教師だった。今から半世紀ほど前のことだ。

この久留米第二小学校の先生*は、勉強より遊ぶのが好きで、しょっちゅうクラス全員を学校外へ〝散歩〟に連れ出したり、雪が降ると（たぶん授業をつぶして）校庭で〝かまくら〟を作らせたりするような人物だった。〝散歩〟好きだから地元のあまり知られていない歴史についても語っていた。

「落合川の落合橋の近くに三角山というちっちゃい林があって、こんもり土が盛り上がっていますね。あそこは戦争中の防空壕だったところです。このへんもアメリカ軍の爆弾がたくさん落ちたんですが、空襲があるとそこに逃げ込むようにしていたんです。でも、入っちゃいけませんよ」とか、口調は創作だが、そういう話も聞いた。

その流れだったか、「学校の南側に西武線の陸橋があるでしょ。その横には線路がないのに陸橋の台が残っています。それは引き込み線の跡なんです。戦争中、東久留米駅から中島飛行機の工場へ……」という話を聞いたのだった。

＊この先生は小林利久さんという。１９９１年、処女出版である『子どもと本のふれあいをもとめて』（岩崎書店）を上梓する直前、病気のため50代なかばで亡くなったようだ。

▼戦争遺跡〝散歩〟

当然、悪ガキどもは実地探索をした。思った以上に生々しい戦争跡を見た記憶がある……が、こういう記憶はほとんど想起である、と考えたほうがいいだろう。

しかし、もちろんこれらは伝説ではない。第1章2で引用した**『東久留米の戦争遺跡』**（2019年、東久留米市教育委員会）には、空襲や防空壕のこと、陸橋跡も紹介されている。

後から考えてみると、この先生の散歩とか地元の歴史への興味といった嗜好は、間違いなく筆者に伝染している。

人の考えがウイルスのように伝わる、という意味は大きいと思う。どういう意図で話したかは問題にならない。勝手に伝わることもあれば、伝えたくても伝わらないことは多い。フェイクニュースが凄い勢いで拡散されることだけをいっているのではない。そうした負の側面だけでなく、どんな小さい思考でも、なんらかのきっかけで伝播する可能性がある、という意味でもある。この可能性は希望ともいえる。

▼田無の空襲

さて、この近辺を〃時間散歩〃すると、武蔵野の底には軍事があることに気づく。これは比喩ではない。たとえば筆者の自宅の50メートルも離れていない民家の下に不発弾が埋まっていて、１９７５年、それが撤去されたことがあった。自衛隊が出動、その家は爆弾撤去のため一時解体、近隣住民は避難、という結構な騒ぎになった。

不発弾があるのは、このあたりを米軍が集中的に攻撃したことの証拠みたいなものだろう。狙いは中島飛行機の工場（このことは比較的知られている）。昭和20（１９４５）年３月10日の東京大空襲は知る人も多いが、米軍がまず攻撃目標としたのは、都心より武蔵野のこの飛行機工場だった。昭和19年11月24日、B-29が中島飛行機武蔵製作所を爆撃、以後、武蔵野の軍事地帯はもちろん日本本土への空襲が本格化していった。『東久留米の戦争遺跡』の表（p75）によると、この地域への空襲は17回あった。

田無駅前は当時も街だったので、昭和20年4月12日の空襲で、どこに爆弾が落ち何人が亡くなったかを示すイラスト地図が、**『田無の戦災誌』**（１９８２年、田無市立中央図書館）に載っている（地図は省略）。

この戦災誌には、空襲体験者の談話も掲載されている。「顔」が見えるこうした記録は戦争をよりリアルなものにしている。

《（注：４月12日の話。逃げていたところから）トボトボ歩いて帰ったのですが、総持寺まで来た時、足が震えて涙は止まらないし、どうすることもできませんでした。本堂前にズラーッと爆弾でなくなった方の遺体が並べてあるんですもの。》

田無の〝古層〟には、このような事実が多数埋まっている。軍需工場の近くというのは、いいいい、そういう場所だということを頭に入れておいたほうがよさそうだ。

▼柳沢へは「原爆」

田無の隣、柳沢には驚くべきものが落ちていた。「原爆模擬爆弾」である。

武蔵野の書物を〝散歩〟していてたまたま読んだ『**多摩と甲州道中**』（**新井勝紘**、**松本三喜夫**編、２００３年、吉川弘文館）に「（１９４５年）七月二十九日に田無町には原爆の模擬爆弾一発が投下訓練のために落とされている」という記述があった。「模擬」？と思っていたところ他の本で疑問が解けた。

模擬の原爆といっても４・５トンもある本物の爆弾で、それにより３人の方が亡くなっている。爆弾が落とされたのは現在の柳沢の「しじゅうから第二公園」近くだったようだ。これは『**戦争の記憶を武蔵野にたずねて**』（**牛田守彦、高柳昌久**、２００５年、ぶんしん出版）という本でわかった。

さらにもっと詳しい記録が刊行されている。ブックレット『**じゃがいも畑へパンプキン―西東京市にも落とされた模擬原子爆弾**』（西東京に落とされた模擬原爆の記録を残す会、２０１５年）がそれだ。同書によると、「模擬原爆」はここだけではなく、１９４５年7月20日から8月14日までの間に合計49発も日本に落とされている。柳沢のものは長崎に投下されたプルトニウム型原爆と同じ球体タイプ。表面の塗装が黄色なのでパンプキン（カボチャ）と呼ばれたという。例によって中島飛行機武蔵製作所を狙ったもので、それが目標から逸れて柳沢で爆発した。

原爆は武蔵野に落ちていてもおかしくなく、米軍はそういう想定をしていたということだ。何が何でも日本に原爆を落としてやる、という意志が感じられて空恐ろしくなる。

訓練のために人を殺すのは犯罪ではないのか。そもそも無差別都市爆撃は国際法違反である、という見解がこのブックレットに示されている。また、日本への無差別都市爆撃の遠因となったのは、皮肉なことに日本軍による重慶無差別爆撃（１９３９～41）だったということも（ヒトのことだけを非難できない、ということだ）。

戦争は殺し合いなのだから、「なんでもあり、なにをやってもいい」わけではない。しかし、そうならないところが戦争である、ということをよくよく考える必要がある（2022年以降の世界をみれば、言うまでもないことだが）。

おりしも2021年1月22日、核兵器禁止条約が発効した。核兵器を非人道的で違法と明記し、開発、保有、使用を全面的に禁じ、廃絶を目指す初の国際法規である。核を保有する米国、ロシアなどは条約参加を拒否している。米国の「核の傘」に依存していることを理由にこの条約に参加していない日本政府に対して批判も多い。

２フェンスの向こうのアメリカ１　北多摩編
――旧日本海軍「大和田通信所」

東久留米市の北東のはずれ、埼玉県新座市と境を接するあたりにできた温泉施設「スパジアム　ジャポン」は、この地に定着したようだ。かつては高台にある団地と航空管制施設（赤いアンテナ）が印象的だった場所に〝温泉〟という組み合わせが、できた当初は意外な感じがした。

この施設の少し北には「野火止用水」に沿って「水道道路」が走っている。野火止用水は江戸時代、玉川上水から分水した用水路で、かつては小平から志木にかけての地域をうるおしていた。しかし、高度経済成長期、ここらの河川はすべてそうであったように汚染され、用水路本来の機能を失っていった。現在は文化的な遺跡として存在している。

「温泉」の横を通り「水道道路」を出て、名刹平林寺方面に向かい、「西堀公園」という交差点を北方向に左折、「富士見新道」を少し行った左手にそれはある。

▼こんな身近に米軍基地

ここは米軍大和田通信所という。れっきとした在日米軍基地で、周囲は鉄条網のついたフェンスで囲まれ、アンテナが何本か見える。このあたりで畑も住宅もない空間が広がっているのは珍しく、アメリカ風に見えなくもない。フェンスにはいたるところに看板がある。「在日米軍基地」名で、無断で入ったりすると罰せられる、と英語と日本語で書かれている。

フェンスには立ち入り禁止の札がかかっている

1945年の敗戦、米軍による占領以降、日本にはいまだに米軍基地が多数存在している。沖縄の基地問題は連日のように報道されているし、東京の横田基地もよく知られている。しかし、新座市、東久留米市、清瀬市の境に（住所は新座市にある）、こんな「アメリカ」があることはあまり知られていないのではないか。

筆者もそこが「アメリカ」であることは漠然と知っていた。しかし、どういう経緯でそうなったのかを知ったのは、『**東久留米の戦争遺跡**』（**山﨑丈**、2019年、東久留米市教育委員会）によってである。

▼旧日本軍の秘密通信基地

第二次大戦中、武蔵野地区には大規模な飛行機工場があり、それがこの地域の形成にさまざまな影響を及ぼしてきた。武蔵野の軍事関連施設はそれだけにとどまらない。同書によると、当時の海軍と陸軍のかなり重要な通信施設が東久留米市とその周辺にあったということなのだ。

《一九三三年（昭和八年）に旧陸軍は東京府北多摩郡久留米村前沢に「北多摩通信所」を開設し、三六年（昭和一一年）に旧海軍は埼玉県北足立郡大和田町西堀に「大和田通信所」を完成させました。》（前掲書p35）

この2つの通信施設の大きな特徴は、「外交や軍事の外国無線の傍受を専門とする、いわば陸海軍の通信秘密基地の役割を担った」点にある（同p35）。暗号を解読する本部がある都心から適度に離れていてあまり目立たず、外国無線を受信するとき受信障害となるものがない、といったところを勘案した結果、陸海軍ともにこの地を選んだようだ。

陸軍の「北多摩通信所」は、現在の小金井街道沿い、小金井街道と新青梅街道が交差するすぐ近くにあった。施設は拡張され、終戦となる45年には千数百人を擁する陸軍最大の通信施設となっていた。現在その痕跡はほとんどなくなっているが、「前沢南公園」に東久留米市の旧跡指定の説明板がある。

一方の海軍の「大和田通信隊（通信所）*」こそ、冒頭に紹介した現在の米軍基地の前身にあたる。＊以下、通信隊と表記する。

この施設の規模は、陸軍のそれよりさらに大きかった。清瀬村、久留米村にまで施設は拡張され、約３０００人が関わっていたという。清瀬村には方位測定所があり、東久留米団地一帯はすっぽりこの施設の範囲に入っていた（２５９頁に地図）。よってこの施設も東久留米市の戦争遺跡に指定されている。

この大和田通信隊が登場する小説作品がある。**阿川弘之**の『**暗い波濤**』（新潮文庫）である（この情報も前掲書による）。

《通信科（海軍の通信部隊）のうち特信班に編入された予備学生や下士官兵は、一人前になる前、必ず一度大和田通信隊で実習をやらされる。それは此処が海軍の外信傍受と電波方位測定の中枢になっていたからである。／埼玉県といっても、池袋から出ている武蔵野線（現西武池袋線）の東久留米駅より北へ、それほど遠くない。あたりは武蔵野の雑木林と芋畑で、其の一角に、無線アンテナの柱がたくさんそびえている。…他国の無線通信を盗聴するのに、東京周辺で電波状況のもっとも安定しているのが此のあたりだと言われている。》（文庫上ｐ２０１）

▼『暗い波濤』のリアル

『暗い波濤』の作者阿川弘之は、評伝小説『山本五十六』『米内光政』など多くの戦記作品で知られる作家。「第三の新人」という括られ方もしたが、タレント阿川佐和子の父親といったほうがわかりやすいだろう。東京帝国大学を繰り上げ卒業後、海軍予備学生となっている（その後少尉として任官）。『暗い波濤』はフィクションだが、大変な量の取材をベースに阿川と「同期」と思しき海軍第二期予備学生士官たちを描いた群像劇である。６００ページを超える文庫２冊、弩級の長編小説だ。日本大百科全書（ニッポニカ）によると、阿川は海軍では通信諜報の仕事に携わったとあるから、大和田通信隊の記述はかなりの部分実体験が反映していると考えられる。

文庫の惹句に「一大叙事詩」とか「若きいのちへの鎮魂歌」とある。不謹慎を承知で言うが、戦記ものは歴史エンターテインメントとして読めると思う。読者は、戦争という極限状態に置かれた人物に感情移入しやすい。「どうなるのか？　死ぬのか？」これはミステリーの作法と同じだ。だから長編も苦にならない。

物語は、海軍第二期予備学生がそれぞれの部署に配属された1943（昭和18）年4月以降、急速に展開していく。主人公らしき栗原達也が設定されていて、作者の分身？と思っていると、それはのちに裏切られる。すでに負け戦の様相を呈していた戦争を、予備学生たちがどのように生き、死んでいったかが詳細に、だが淡々と記述される。

地上で、海で、空で、兵士が次々に斃れていく。起死回生を狙った作戦はことごとく失敗、悪化するばかりの戦況。爆弾や銃弾の恐怖、海上での漂流、病気や飢餓。捕虜になった人物もいる。小説・映画で何度も描かれてきた航空機や潜水艦による特攻だが、やはりそのシーンでは胸が詰まる。

それにしても、死ぬのは士官も下士官以下も同じ、はずだが、軍隊ではその扱いが違うことが当たり前に描かれている。なるほど軍隊というのはそ、う、い、う、と、こ、ろ、なのだ。また、南方から運よく内地に転勤し結婚した者が新婚早々死んだということを聞いた者が「ざまを見ろ」という気持ちになった、という記述がある（下p370）。ここに、この作品のリアルがあると思った。

▼歴史の闇へ

さて、阿川弘之も足を踏みいれていたであろう通信施設に戻ろう。

大和田通信隊、そして北多摩通信所は、「歴史の現場」をかなり「傍受」していたようだ。両施設は、日米開戦にいたる暗号化された外交通信を解読している。大和田通信隊は真珠湾攻撃を受けた米海軍の有名な第一電（「これは演習ではない」）も受信している。開戦後、暗号そのものの解読が難しくなってからは、通信元、宛先、時刻や時間、位置などの膨大な情報を蓄積して解析する方法で、B-29の空襲の場所、時間、規模を探知していた。広島・長崎に原爆を投下した戦隊についても大和田通信隊は注目していた。しかし、この傍受は活かされることはなかった（『東久留米の戦争遺跡』p55、『暗い波濤』下p469）。

さらにこの両施設は「ポツダム宣言」も受信している。

陸軍の北多摩通信所は、敗戦必至と考えたようで8月15日を待たずに文書の徹底的な焼却を行い、通信機、アンテナなども破壊している。その存在の痕跡を消そうとしているのがわかる。

一方、海軍の大和田通信隊の対応は違っていた。文書は焼却したものの、施設や通信機器は破壊していない。米軍への「引渡目録」まで作っている（『戦争遺跡』p71）。これが現在の「米軍大和田基地」に続いていくわけだが、このことについて『戦争遺跡』は、施設を平和利用したいという海軍の強い要望があったと記している。

戦後すぐには、日本の中央気象台が大和田の施設を接収した。ところが1950年7月、米国陸軍第71通信隊が大和田の中央施設を使用することになる。気象通信所は清瀬の副受信所跡に移転している（現在「気象衛星センター」）。

「1950年7月」に注目すべきだろう。その少し前の6月25日は朝鮮戦争が勃発した日である。朝鮮戦争をきっかけに日本の戦後は大きく転換する。右記もこれと無縁ではないはずだ。大和田地区の通信施設は64年に米空軍の管理下となり、現在に至っている。これがフェンスの向こうに「アメリカ」がある経緯だ。

東久留米地区の通信施設は、50年に米空軍の管理下に置かれた。63年、それまで入間の米軍ジョンソン基地（現在入間基地）にあった運輸省航空管制本部がこの地に移転してきて、民間機の航行管制を行うようになった（この施設は77年に所沢に移転）。かつて東久留

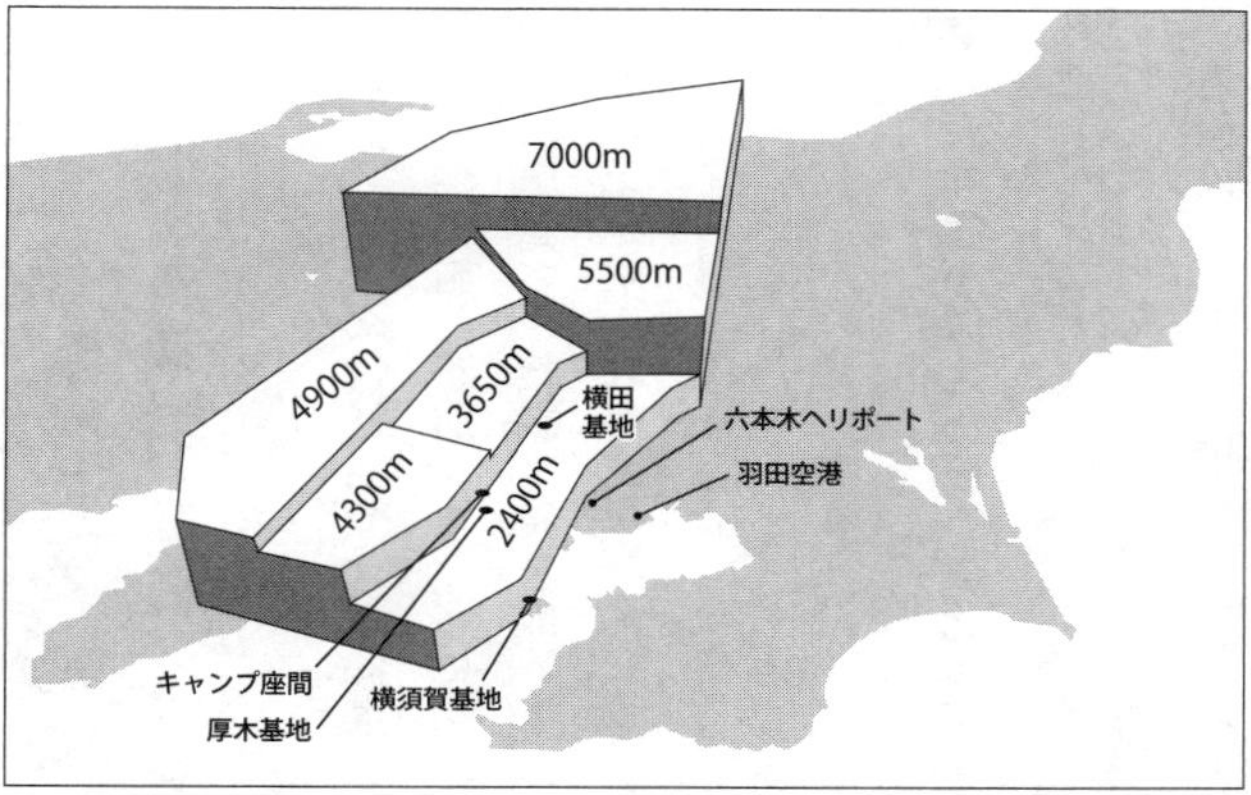

横田空域（『日本はなぜ、「基地」と「原発」を止められないのか』P35の図を参考に作図）

米団地の中にあり、ランドマーク的存在だった巨大なアンテナには、こういう軍事絡みの歴史があった。

最後にもう一度考えてみよう。なぜ、ここに米軍基地があるのか？　それは、《首都圏上空にも、嘉手納基地と同じ横田空域という米軍の管理空域があって、日本の飛行機はそこを飛べないようになっている》からではないか（**矢部宏治『日本はなぜ、「基地」と「原発」を止められないのか』**p34、２０１４年、集英社インターナショナル）。東京の「制空権」はいまだにアメリカに握られているのである。これは極論だろうか。

3「軍事秘密」をめぐる暗闘
――武蔵野、青森、そして長崎

先に、この武蔵野地域（主に東久留米）に、外国の無線をこっそり傍受する旧日本陸海軍の2つの施設があったことにふれた。そして、海軍の「大和田通信隊」に注目し、関連する阿川弘之の戦記小説を取り上げた。ここで、陸軍の「北多摩通信所」が登場する**吉村昭**の戦記小説『**大本営が震えた日**』*（新潮文庫）を読んでみたい。

*なお、『大本営が震えた日』に「北多摩通信所」の記述があることは、『**東久留米の戦争遺跡**』（東久留米市教育委員会）に教えていただいた。著者の山崎丈氏にこの場を借りてお礼申しあげたい。

▼『大本営が震えた日』の北多摩通信所

『大本営が震えた日』（1968年、新潮社）は、太平洋戦争開始をめぐる日本軍の〝綱渡り的〟といっていい数々のエピソードを描いた作品だ。

昭和12（1937）年に始まる日中戦争が泥沼化していくなか、アメリカとの関係が悪化し、日本はついに米、英、蘭との開戦を決意するにいたる。開戦は昭和16年12月8日に定められ、同時多発的にハワイの真珠湾、マレー半島、香港を奇襲することが、極秘裏に進められていた。

　この「同時多発的」かつ「奇襲」ということがポイントとなる。緒戦で勝利し、その勢いで以降の展開を有利に運ぶべく、なにがあっても実現させなければならない作戦だった。奇襲のためには、情報の秘匿は絶対条件だ。太平洋をまたにかけるような行動である。同時多発だから、どれかひとつの秘密が漏れただけで、この作戦全体が水泡に帰す危険がある。緻密な計画が立てられた。

海軍大和田通信隊の地図（『東久留米の戦争遺跡』P60より）

　近代戦において情報はとてつもなく重要だ。すでに昭和8年に久留米村に設置されていた北多摩通信所では、所属する将校、下士官、通信士、技手たち「全員が諜者」となって、太平洋や大陸を飛び交うアメリカ、イギリス、中国、ソ連などの電波を追いつづけていた（もっとも通信所の所長すら作戦の内容は知らされていなかった）。

そして開戦直前。

《(注：南方方面への上陸作戦とハワイの真珠湾への攻撃）作戦は、奇襲を前提としているだけに、その企図の秘匿は大本営の最大の関心事だったが、それが完全に果たされているかどうかを知る陸軍部のてがかりは、…諜報関係者の情報と北多摩通信所を中心とした米、英、蘭三国軍の発する通信文の傍受であった。》（文庫p147）

大本営は、その情報に一喜一憂することになる。そのなかでもっとも大本営を震えあがらせた事件が、この本の冒頭に掲げられた「上海号」不時着事件である。

▼「上海号」不時着事件

昭和16（1931）年12月1日、つまり開戦の直前にその事件は起こった。台湾・台北の飛行場から広東飛行場に向かった中華航空のダグラスDC-3型旅客機「上海号」が遭難した。同機には極秘中の極秘「開戦指令書」を運ぶ役割の将校が乗っていたため、大本営はほとんどパニックに陥る。当時、台湾と広東は日本軍の勢力下にあったが、「上海号」が日本の勢力外の敵地に墜落し、指令書が敵の手に渡ってしまうおそれがあるからだ。そうなれば綿密に計画されている奇襲作戦が相手に知られ、奇襲が奇襲でなくなってしまう。ハワイから東南アジアに及ぶ大規模な作戦が崩壊しかねないのだ。

やはり「上海号」は敵地で不時着していた。空からの捜索では生存者は確認できないが、中国軍に発見されるのは時間の問題だった。陸上からも不時着場所まで敵地の中を進撃し、重要機密書類の完全焼却に向かうが、一刻を争う。焦燥にかられる南京の支那派遣軍総司令部は、「機内には生存者はいないものとして、上海号を粉々に爆砕する」ことを命じた。不時着機周辺には何度も爆撃が繰り返された。

しかし、生存者はいた。中国軍の攻撃と味方からの爆撃からかろうじて逃れ、結果的に搭乗者18名中２名が生還している。件の将校は事故では無事で、指令書も焼却したが、逃走中に惨殺された。

著者の吉村昭はこの生存者に直接取材しているという。それどころか同書に登場する人物の大半には会っているというから驚かされる。これは、吉村戦記文学の真骨頂というべきところだろう。吉村は戦争を記す方法について、「戦争を解明するのには、戦時中に人間たちが示したエネルギーを大胆に直視することからはじめるべきだ」（『**戦艦武蔵**』「あとがき」、新潮文庫）と書く。吉村の戦記は圧倒的な量の取材がベースになって成り立っている。この『大本営が震えた日』も、太平洋戦争の開始において日本の奇襲作戦は成功をおさめたものの、実際はヒヤヒヤの連続だったことが明かされている。そこが本作の読み応え（あえて言えば面白み）だといってもいいだろう。

▼味方に殺されることもある

ひとつ気になったエピソードがある。「上海号事件」と似ているということで紹介されている駆逐艦「初雪」の事件だ。昭和10（1935）年、海軍の大演習中、超大型台風に遭って「初雪」は破壊され、切断されてしまう。切断部には24名が閉じ込められたまま、曳航もできず漂流することとなった。海軍の中枢部は、「切断部中のある士官室におさめられた暗号書等が第三国の手に落ちることを恐れ」、「初雪」を砲撃・沈没させることを命じた（『大本営…』文庫p43）。

24名は演習中、味方に殺されたわけである。情報のほうが人の命よりも重い。まあ、人命より写真（御真影）が大事、ということもあったわけだし、軍事とはそういうものだ、と理解することは重要だと思う。

もうひとつ、機密情報と軍用機の墜落で思い出したことがある。２０１９年４月、青森県三沢基地に所属する航空自衛隊の戦闘機Ｆ‐35Ａが訓練中、青森県沖の太平洋に墜落した事件だ。*Ｆ‐35は、敵のレーダーにひっかからないステルス性能を持つ最新鋭の戦闘機。開発したアメリカは同機を日本はもちろん、全世界に配備しようとしていた。ハイテクで武装したＦ‐35の機体自体が「軍事機密の塊」であり、墜落した機体が第三国に渡ってしまうと、日米の防衛戦略に影響を与えかねない。

墜落機の捜索には、米軍が異例ともいえる大規模な態勢で加わった。血まなこになって探したものの、発見されたのは尾翼などで、肝心な機体の中心部やパイロットは見つからなかった。捜索態勢が異例なら、事故原因の報告も異例な早さだった。航空自衛隊は６月、原因として操縦士が「空間識失調」（自分の姿勢・位置・速度がわからなくなる状態）に陥った可能性が高いと発表した。これに対しては、軍事、航空の専門家から結論が早すぎる、早期の幕引きを狙ったのではないか、との声があがったようだ。つまり、機体に問題があったら、高価なＦ‐35を大量配備したい日米政府の思惑が狂ってしまうので、それに忖度した結論ではないか、ということだ。

軍事についてはとにかく隠せ、という日本の姿勢は、いまも昔も変わっていないといえるだろう（＊この事件については、三沢基地の地元紙「東奥日報」の斉藤光政記者による一連の記事と氏の雑誌掲載記事「F35A機墜落――日米軍事戦略への衝撃」〔『世界』2019年7月号〕を参照した）。

▼解読されていた暗号

さて、日本の大本営は、緒戦において情報が漏れることをおそれて「震える」思いをしたわけだが、その後、そのおそれは現実のものとなった。

太平洋戦争の転機となったといわれる昭和17（1942）年6月の「ミッドウェー海戦」。このときすでに米軍は日本の暗号を解読しており、「太平洋艦隊ニミッツ司令長官は、ミッドウェー作戦の計画に関して日本側の作戦参加艦長、部隊長とほぼ同程度の知識を得ていたという」（**戸部良一**ほか著『**失敗の本質　日本軍の組織的研究**』中公文庫　p78）。同書はこのことがミッドウェー作戦の決定的な敗因ではないと述べる（同書p99）が、情報戦で間違いなく日本は敗北している。

たとえば昭和18年4月、ラバウル周辺の基地を視察に向かった聯合艦隊司令長官・山本五十六が、米軍機の攻撃によってあっけなく戦死してしまったのは、「暗号解読による山本搭載機の待ち伏せ」が成功した結果だったことが、明らかになっている（**阿川弘之**『**新版　山本**

五十六』第14章）。

ただ阿川が同書で、日本の暗号がすべて解読されていたわけではないと強調しているのは、元海軍将校の阿川らしい、といえなくもない。素人がこんなことを言うとお叱りを受けそうだが、阿川の『山本五十六』『米内光政』『井上成美』といった海軍の「偉人」伝には、どこか「陸軍悪玉、海軍善玉」*という響きがあると思っていた。これはたぶん間違っていないだろう。

＊あとでふれる『日本軍兵士――アジア・太平洋戦争の現実』の著者・吉田裕が、自身の退職講演で、「陸軍悪玉、海軍善玉」論というものがあることを述べている。戦後に書かれた第二次世界大戦論のなかには、海軍を善玉とするような流れがあったのは確かなようだ（「自分史の中の軍事史研究」『世界』２０２０年９月号）。

▼長崎の諫早から三鷹まで

最後に武蔵野に戻る。小国民のエピソードをひとつ。

昭和20（１９４５）年の春、中島飛行機武蔵野製作所に、はるばる長崎の大村飛行工廠の諫早工場から工員に交じって飛行機の部品を取りに来た学生がいた。筆者の父である。

そのとき父は旧制中学の４年生だった。学徒動員により中学には行かず、空襲で大村から諫早に移ってきた飛行機工場で働いていた。あるとき、飛行機エンジンに使う「接合棒」というものが足りなくなったという。東京の中島飛行機に取りに行くしかない。しかし、すでに輸送手段がなく、人間が運ぶしかない。それくらい逼迫した状況だったようだ。人手も足りなかった。本当は学生が行くことは禁止なのだが、その部品の担当だった父が志願して、10人ほどの工員たちと一緒に東京に行くことになった。

諫早から汽車に乗り、1日以上をかけて東京駅に着いた。そこから乗り換え三鷹駅へ。三鷹から工場まではトラックだったようだ。中島飛行機武蔵野製作所は19年11月から何度も空襲を受けているから、このとき工場に部品を供給する余裕があったのか疑問もある。ただ、父は長さ30センチほどの「接合棒」を「持てるだけ持って」すぐさま帰路につき、1日以上をかけて諫早に帰ったのは間違いない。このとき、父にとっては生まれて初めての東京だった。その後、三鷹近くに60年以上住むことになるとは思ってもいなかっただろう。

連載時父は92歳（22年3月に死去）。記憶がかなりアヤシク、残念ながらこの「旅」についてのディテールは聞くことはできなかった。記憶違いもあるかもしれない。ただ、米軍の最新鋭機を迎撃する飛行機の部品を東京から長崎まで手で運んだ、という事実は笑えない「笑い話」だ。

中島飛行機武蔵野製作所は現在武蔵野公園になっている

　ちょっと前に『**日本軍兵士――アジア・太平洋戦争の現実**』（吉田裕、２０１７年、中公新書）がベストセラーになった。この本は、名もない兵士たちがどのように死んだのかを具体的に描き、第二次大戦の日本人犠牲者３１０万人の９割は、１９４４年以降のものだとしている。

　戦争をそんなところまで引き延ばした者の責任は重い。

4 フェンスの向こうのアメリカ2
――「アメリカ」なしでやっていけるか？

▼米軍基地をめぐる村上龍の作品

横田基地、東京の郊外に厳然と位置する在日米軍司令部、つまり日本の中の「アメリカ」。「東京・郊外・米軍基地」というキーワードを探求すれば、第二次世界大戦から21世紀の現在にいたる日本という社会のあり方を探ることができるかもしれない。当然のことながら、ウクライナ戦争以降の激動する国際秩序にも関連していくことだが、大風呂敷を広げず、身近な地元的なところから考えていきたい。

横田基地については、**『日本「米軍基地」列島　映画に描かれた基地の風景』**（吉田啓、2020年、音羽出版）のお世話になることにする。

横田基地を描いた作品といえば、**村上龍**の**『限りなく透明に近いブルー』**（講談社）を想起する人も多いだろう。村上のデビュー作であり、芥川賞と群像新人文学賞を受賞したこの小説は76年に発表されている。基地周辺に住む若者の生（性）態を描き、センセーショナルな話題となった。

それに比べ映画の影は薄い気がするが、村上自身が監督を務めて79年に公開されている。小説は賛否両論、さまざまな評価があり、「限りなく××～」というフレーズは流行語にもなったものの、「映画の評価はお世辞にも高くない」（吉田前掲書ｐ２１５）。三田村邦彦と中山麻理が出ているのだが、筆者は観たという記憶はあるものの、中身は覚えていない。

一発当てた人（ミュージシャンが多い）は、映画を撮りたがる習性がある。だいたい失敗するのだが、村上は例外で、その後何本もメガホンをとっている。彼はれっきとした映画監督でもある。『だいじょうぶマイ・フレンド』（83年）、『ラッフルズホテル』（１９８９年）、『トパーズ』（92年）、『ＫＹＯＫＯ』（１９９６年）が自作の監督作品だ。

村上龍の戦争小説で、もし日本が太平洋戦争で降伏せず、徹底抗戦していたらという設定の**『五分後の世界』**（94年、幻冬舎）やその続編**『ヒュウガ・ウイルス――五分後の世界Ⅱ』**（１９９６年、幻冬舎）などは映画化されると面白いが、映画会社は実写化は難しいと判断して二の足を踏んだと『日本「米軍基地」列島』は推定する。北朝鮮のコマンドが博多を占拠するという内容の**『半島を出よ』**（２００５年、幻冬舎）は、日韓合作の話があったそうだが、実現しなかったようだ。

ただ、軍港の街・佐世保で生まれ育った村上が、1969年に経験したと思しき「県立高校バリケード封鎖闘争」をコミカルに描いた小説『**69 sixty nine**』(1987年)は、李相日監督で2004年に映画化されている。出演は妻夫木聡、安藤正信ほか。ブレイク前の星野源も出でている。脚本は宮藤官九郎。

▼「地図にないアメリカ」

前掲書ではタイトルのみの紹介だが、横田基地周辺を舞台にした映画を思い出した。1981年の藤田敏八監督『**スローなブギにしてくれ**』である。原作は**片岡義男**。浅野温子の初主演作。古尾谷雅人もこの作品で知った。テーマ曲は、南佳孝(作曲・歌)の「スローなブギにしてくれ」で、作詞は松本隆、編曲は後藤次利。余談だが、こうした固有名詞はまさに80年代という感じがする。

なぜか覚えているシーンがある。原田芳雄がジョギングしていて、心臓発作を起こして倒れ死んでしまうのだが、走っているのが横田基地のフェンス近くなのだ。原田の役どころは、旧米軍ハウスにもう一人の男と女性の3人で住むという、『限りなく…』同様、世間からはちょっとずれた規範に生きている設定になっていた。

基地は、日本のなかに異文化をもたらしてきたのは間違いないだろう。最近「シティ・ポップ」なるものの逆輸入的人気で、その源流扱いをされる「はっぴいえんど」の大瀧詠一は福生にスタジオを構えていたし（「福生ストラット」という曲もある）、亡くなるまで瑞穂町に住んでいた。同じグループの細野晴臣は、ジョンソン基地（西武池袋線稲荷山公園駅の横）近く、狭山市にあったという旧米軍ハウスで、1stソロアルバムを録音している。

2人は対談で、「FEN（極東放送網）の体験は大きかった」（細野）と述べる。「FEN派」（大瀧）という言い方もしている。2人にとってFENは重要な音楽的な情報源であり、「ヴァーチャルなアメリカ」を体験するメディアだったようだ（「ミュージック・ステディ」85年7月号、『大瀧詠一Writing&Taking』15年、白夜書房）。極論すれば、基地がなければ「はっぴいえんど」の音楽はなかったことになる。

細野（1947年生まれ）と大瀧（1948年生まれ）は団塊の世代で、筆者は彼らより10歳下の世代になるが、FENのことはいつしか知るようになった。ちゃんと聴くだけの語学力がなかったのが情けないが、人気DJウルフマン・ジャックのナレーションがかぶるヒット曲をエアチェックした記憶がある。基地由来文化の浸透度はかなりのものだったといえよう。

細野との関係が深い荒井（松任谷）由実の曲には、米軍基地周辺を舞台にしたものが8作ある、と指摘するのは前掲書である。「恋のスーパー・パラシューター」「ベルベット・イースター」「海を見ていた午後」「雨のステイション」「中央フリーウェイ」「天気雨」「LAUNDRY－GATEの想い出」「キャサリン」がそれだという（p214）。

なるほど、「調布基地」は1973年まで米軍基地だったし（現在は調布飛行場などになっている）、本当は「フリーウェイ」ではない有料高速道路を「まるで滑走路」に見立てたり（以上「中央フリーウェイ」）、横浜「山手のレストラン」から軍港横須賀がある三浦半島を見たりする音楽的な描写（「海を見ていた午後」）、なんでもない風景を映画のワンシーンのように変えてしまう想像力は、初期ユーミンにおける「アメリカ」がもたらしたものかもしれない。

そうだ、忘れてはいけない。「**フェンスの向こうのアメリカ**」というタイトルは、**柳ジョージ**の代表的なヒット曲から借用した。これは横須賀を舞台とした曲で、「白いハローの児」に追われたりする、たぶん柳の体験が織り込まれた作品なのだろう。「フェンスの向こうの××」は、「限りなく××」と並んで応用範囲の広いフレーズだ。リスペクトをこめて言い得て妙だと思う。

このように、基地には「ヴァーチャルなアメリカ文化」がへばりついている。多くの人間が多大な影響を受けてきたこのヴァーチャルなアメリカ文化のことを、知人のジャーナリストは「地図にないアメリカ」と呼んでいる（**細田正和**ほか『**明日がわかるキーワード年表**』２００９年、彩流社）。つまり日本中には、日本なのに日本ではないフェンスで囲われたアメリカと、「地図にないアメリカ」が共存している。この面倒くささが、日本とアメリカの関係を象徴していると思う。

▼「アメリカの影」

こうした問題をデビューから亡くなるまで追及していたのが、批評家の**加藤典洋**だ。１９８５年刊の第１評論集『**アメリカの影**』（85年、河出書房新社）では、江藤淳を批判的に検証することでこの問題に迫っている。当時文壇の大御所で、日本国憲法によって戦後日本の言語空間はずっと歪められ、拘束され続けてきたとし、その根源たるＧＨＱの占領政策を研究していた**江藤淳**は、村上龍の『限りなく…』（76年）を「サブカルチュア」であり批評に値しないと全面否定した。しかし、その４年後、村上よりもっとサブカルっぽく、世間では〝カタログ小説〟などと軽くみられていた田中康夫の『なんとなく、クリスタル』（1981年、河出書房新社）を、江藤が評価したのはなぜか。この問題から検証はスタートする。

加藤の解釈によると、江藤はサブカル云々ではなく、村上の作品に苛立っているという。何に苛立っているかというと、「村上がそこでアメリカと日本の関係を占領被占領に近いかたちで提示したうえで、いわば『ヤンキー・ゴウ・ホーム！』とやっている点」（p22）である。江藤は60年の反安保闘争の際、そのような急進的ナショナリズムの声を聞き、結局それに幻滅した。それが『限りなく…』によってまたも想起させられ、それに苛立っているというわけだ。

一方の田中に、江藤は「批評精神」を見出し、これを評価する。どんな「批評精神」なのか。日本は「一九四六年憲法」の拘束から自由になり、アメリカの圧迫をはねのけなければならないのに、アメリカなしにはやっていけないというジレンマを江藤の論理は抱えている。このジレンマに『なんとなく…』は自覚的であり、それを江藤は「批評精神」と呼んでいるのではないかと加藤は解釈する。消費社会が本格化した80年代、そのブランド文化に事細かく注を付けていく田中の姿勢は、アメリカの影の下で消費を謳歌するという日本の事態、つまり日本の「弱さ」に十分自覚的だ、と加藤も田中を評価している。

▼「アメリカ」なしでやっていけるか？

この議論は80年代半ば、40年近く前のものである。しかし、「アメリカなしにはやっていけない日本」という状況は、いまも変わっていない。それどころか、まさにそれが問われているのが、「ウクライナ戦争」以後の世界ではないだろうか。

村上龍は、先にも少しみたように、その後は圧倒的な規模の世界観、歴史観をもつ作品を次々に発表していった。この80年代半ばの時点でも、村上は「国家」からも、「アメリカの影」からも自由だと加藤は述べている（p88）。村上は、「日本的なるもの」を嫌い、それを批判し続けてきたという印象がある。批判は当たっているだろうが、それが私たちの行動規範になるかは別問題だという気がする。

田中康夫は、その「批評精神」を生かし、作家・タレントから政治家になった。長野県知事、衆・参議院議員にもなり、２０２１年、横浜市長選に立候補して落選した。

加藤典洋は、戦後民主主義批判という意味では魅力的でもある江藤淳の論理をどうやって乗り越えるか、というモチベーションで『アメリカの影』を書いたのだと思う（以下《》内は大意）。

加藤によると、江藤淳が描いていたありうべき日米関係は、《米国の〝核の傘〟の下にとどまり、日米安保体制を維持するが、「交戦権」は獲得する。これによって日米は対等で、自由な主権国家間の同盟に変質する》ということになる。しかし、《日米関係の悪化によって、日本政府は核武装による自主防衛への路に追いつめられる》という「悪夢」のような事態も想定される。つまり最悪の場合、「アメリカ」なしでやっていくには核武装しかない。

そうならないためには、開かれたナショナリズムが必要だ。が、そういったナショナルな心性は高度成長下、失われてしまった。それを取り戻し、かつ近代主義的でもあることを実現する「国家」が希求されるというわけである。

こうした論理に対し加藤は、江藤は「国家」と「国民」を同一視していると批判する。そして、国民としての個人が、自分を超えた「国家」を必要としてしまう構造が、「アメリカ」によって「入れ子」型になっていることを指摘する。つまり、「アメリカ」が「国家」として日本を統治し、その「日本」が「国家」として人々の内面を統治するという入れ子構造である。それでいいのか、ということになる。

この時点で加藤は、**石牟礼道子『苦界浄土――わが水俣病』**（1969年）などを参照しながら、「母性原理としての『自然』の中に、日本人の個人が国家から独立する契機をもちうることを」（ｐ１０７）追求していたように思われる。

江藤はその後も〝国家百年の大計〟を考えていったが、１９９９年に自死を選んだ。

加藤は、**『敗戦後論』**（97年、講談社）では戦後社会や憲法について多くの論争を巻き起こし、２０１５年の**『戦後入門』**（ちくま新書）では、国連改革と国際主義によって「安保タダ乗り」論を乗り越え、対米従属を解消する具体的な「九条強化案」を提起した。さらに論を展開していたが、２０１９年に病没。残念としか言いようがない。

あとがき

　イントロダクションでも述べたが、本書は地域報道サイト「ひばりタイムス」に連載した文章をベースにしている。その連載が始まったころからコロナ禍となり、筆者の日常が変わった。原稿を定期的に書く生活となり、それが3年続くと本を編むことができる分量となり、いろいろな方々のおかげもあって、刊行の運びとあいなった。有難いことである。たしかに「石の上にも3年」なのだが、本当は30年なのだ。

　1990年代、ペンネームで雑誌等に文化論もどきを書いたことがある。いつかは自分の本を、と考えていたが、他人様の本をつくるのが忙しく、それが面白くもあり、編集・ライター二刀流は挫折した。

　ところが時を隔て、コロナ禍という思ってもみないかたちで二刀流が復活できた。外圧がないと書けないのは情けないが、同じ土地に長く住んでいるという地の利を生かしつつ、地元と社会や文化をむすびつけて述べてみた。その過程で、専門性のないライターにとって「地元」は意外に強みであることに気づいた。ここには書くネタはたくさんある。散歩するように書いたので、散歩気分で読んでいただけるとうれしい。
「ひばりタイムス」が更新をやめた後も、後継サイト「はなこタイムス」に寄稿を続けている。その文章のいくつかは、本書の姉妹編ともいえる『2都物語　札幌・東京――2つの「ひばりが丘」から歴史探索をはじめる』（鷲田小彌太氏との共著）にまとめた。こちらもよろしければ。

「ひばりタイムス」の連載時、なんの制約もなく、自由に書かせてくださった編集長の北嶋孝氏、「ひばりタイムス」に執筆する機会をつくってくれたジャーナリストの片岡義博氏に感謝。連載を読んで、「これ本になるね」と言ってくれたのが、編集者の先輩である富永虔一郎氏である。富永さんのプロデュースと、交通新聞社の武田憲人氏の編集でこの本ができた。お二人にも感謝したい。

２０２５年2月　杉山尚次

杉山尚次（すぎやま なおじ）
1958年、東京生まれ。翌年から東久留米市在住、西武池袋線のひばりヶ丘駅を利用している。編集者。1981年、弘前大学人文学部卒。出版社勤務を経て2007年に独立、2011年から言視舎代表。著書にいずれも共著だが、『響像都市の地政学』（神坂洋名で、上野俊哉編、1990年、青弓社）、『北多摩戦後クロニクル』（ひばりタイムス企画班編、2024年、言視舎）、『２都物語　札幌・東京』（鷲田小彌太と、2025年、言視舎）などがある。

交通新聞社新書185
西武池袋線でよかったね
郊外から東京を読み直す
（定価はカバーに表示してあります）

2025年4月15日　第1刷発行

著　者——杉山尚次
発行人——伊藤嘉道
発行所——株式会社交通新聞社
https://www.kotsu.co.jp/
〒101-0062　東京都千代田区神田駿河台2-3-11
電話　(03) 6831-6560（編集）
(03) 6831-6622（販売）

カバーデザイン—アルビレオ
印刷・製本—大日本印刷株式会社

ISBN978-4-330-01925-3